Kohlhammer

Soziale Arbeit – kompakt & direkt

Herausgegeben von Rudolf Bieker und Heike Niemeyer

Eine Übersicht aller lieferbaren und im Buchhandel angekündigten Bände der Reihe finden Sie unter:

 https://shop.kohlhammer.de/soziale-arbeit-kompakt-direkt

Die Autorin

Prof. Dr. Laura Best ist Professorin für Beratung und Coaching in der Sozialen Arbeit mit den Lehr- und Forschungsschwerpunkten Beziehungsgestaltung, Trennungs- und Scheidungsberatung, Digitalisierung von Beratung und Coaching sowie Adressat*innenforschung.

Aktuelle Publikationen (Auszug):

Nähe und Distanz in der Beratung. Die Beziehungsgestaltung aus der Perspektive der Adressaten. Wiesbaden: Springer 2020.
Was wir von Adressat_innen für unser beraterisches Handeln lernen können. In: Saskia Erbring & Jörg Fischer (Hrsg.): Zukunft der Beratung. 5. Sonderband Sozialmagazin (S. 187–200). Weinheim & Basel: Beltz Juventa 2021.
Herausforderungen und Gelingensfaktoren in der Trennungs- und Scheidungsberatung. In Sozialmagazin (11/12) 2022, S. 89–97.

Laura Best

Professionelle Beziehungsgestaltung in der Sozialen Arbeit

Verlag W. Kohlhammer

Dieses Werk einschließlich aller seiner Teile ist urheberrechtlich geschützt. Jede Verwendung außerhalb der engen Grenzen des Urheberrechts ist ohne Zustimmung des Verlags unzulässig und strafbar. Das gilt insbesondere für Vervielfältigungen, Übersetzungen, Mikroverfilmungen und für die Einspeicherung und Verarbeitung in elektronischen Systemen.

Die Wiedergabe von Warenbezeichnungen, Handelsnamen und sonstigen Kennzeichen in diesem Buch berechtigt nicht zu der Annahme, dass diese von jedermann frei benutzt werden dürfen. Vielmehr kann es sich auch dann um eingetragene Warenzeichen oder sonstige geschützte Kennzeichen handeln, wenn sie nicht eigens als solche gekennzeichnet sind.

Es konnten nicht alle Rechtsinhaber von Abbildungen ermittelt werden. Sollte dem Verlag gegenüber der Nachweis der Rechtsinhaberschaft geführt werden, wird das branchenübliche Honorar nachträglich gezahlt.

Dieses Werk enthält Hinweise/Links zu externen Websites Dritter, auf deren Inhalt der Verlag keinen Einfluss hat und die der Haftung der jeweiligen Seitenanbieter oder -betreiber unterliegen. Zum Zeitpunkt der Verlinkung wurden die externen Websites auf mögliche Rechtsverstöße überprüft und dabei keine Rechtsverletzung festgestellt. Ohne konkrete Hinweise auf eine solche Rechtsverletzung ist eine permanente inhaltliche Kontrolle der verlinkten Seiten nicht zumutbar. Sollten jedoch Rechtsverletzungen bekannt werden, werden die betroffen externen Links soweit möglich unverzüglich entfernt.

1. Auflage 2023

Alle Rechte vorbehalten
© W. Kohlhammer GmbH, Stuttgart
Gesamtherstellung: W. Kohlhammer GmbH, Heßbrühlstr. 69, 70565 Stuttgart
produktsicherheit@kohlhammer.de

Print:
ISBN 978-3-17-042403-6

E-Book-Formate:
pdf: ISBN 978-3-17-042404-3
epub: ISBN 978-3-17-042405-0

Vorwort der Reihenherausgeber*innen

Ergänzend zu klassischen Lehrbüchern geht es in der neuen Reihe »Soziale Arbeit – *kompakt & direkt*« um die vertiefende Bearbeitung spezieller Themen- und Fragestellungen aus der Sozialen Arbeit und ihren Bezugsdisziplinen, z. B. theoretische Konzepte, spezifische Methoden, Arbeitsfelder oder soziale Probleme. *Kompakt und direkt* heißt die neue Reihe, weil sie in der Präsentation der Inhalte auf das konzentriert ist, was Lernende über das ausgewählte Thema wissen und für Studienleistungen und Prüfungen zielgenau aufbereiten können sollten.

Zielgruppen der Reihe sind jedoch nicht nur Studierende im Bachelor- oder Masterstudium, sondern auch Berufseinsteiger*innen und Praktiker*innen, die autodidaktisch oder in Fortbildungen Anschluss an den aktuellen wissenschaftlichen Diskurs halten wollen.

Der fokussierte Zuschnitt der Bände spiegelt sich in einem innovativen Buchformat, das Leser*innen Überschaubarkeit im Umfang und eine gut strukturierte Textpräsentation bietet. Zentrale Sachverhalte werden anhand von Praxisbeispielen und Abbildungen veranschaulicht. Didaktische Elemente wie Begriffserläuterungen, Textcontainer, Reminder, Essentials, kurze Zusammenfassungen, Piktogramme etc. erleichtern das Erfassen, Speichern und Wiederaufrufen der Inhalte.

Die Autor*innen der Bände sind durch ihre wissenschaftliche Expertise ausgewiesen, schreiberfahren und stehen in der Regel mit Studierenden und Praxisfeldern in engem Kontakt.

Rudolf Bieker und Heike Niemeyer, Köln

Zu diesem Buch

»Ich würde mir wünschen, dass die Fachkraft parteiischer wäre. Es verunsichert mich, dass sie mir und meinem Ex immer neutral zuhört. Ich kann mir dann nie sicher sein, wem sie Recht geben würde«.

Diese Aussage stammt aus einem Interview mit einer Klientin im Rahmen eines Forschungsprojekts zu Trennungs- und Scheidungsberatung (vgl. hierzu Best 2022).

Die meisten Leser*innen würden hier sagen: Die Fachkraft hat hier alles richtig gemacht, indem sie beiden Elternteilen zuhört, Raum gibt, sich neutral verhält, sich nicht auf die Seite einer Person schlägt oder sich instrumentalisieren lässt. Und dennoch: Anhand der Klientinnen-Aussage wird deutlich, wie komplex sich die Beziehungsgestaltung in der Sozialen Arbeit vielfach vollzieht und welch hohe Anforderung an die Fachkräfte gestellt wird, mittels professioneller Beziehungsgestaltung einen Rahmen zu schaffen, in dem Hilfen, Entwicklungen und Klärungsprozesse ermöglicht werden.

Die Soziale Arbeit erfordert über alle Handlungsfelder hinweg die Gestaltung einer Beziehung zwischen den Fachkräften und den Menschen, die aus unterschiedlichen Gründen zu Adressierten Sozialer Arbeit werden. Viele Personen, die sich für den Beruf der Sozialen Arbeit entscheiden, verfügen über eine hohe soziale Kompetenz, zwischenmenschliche Interaktionen zu gestalten. Nicht selten hört man die Aussage »Ich kann gut mit Menschen umgehen« als Motivation angehender Fachkräfte für die Aufnahme des Studiums der Sozialen Arbeit. Man könnte also meinen, dass die Beziehungsgestaltung daher keiner größeren Beachtung mehr bedarf.

Dabei wird im beruflichen Kontext vielfach auf Handlungsmuster und soziale Fähigkeiten zurückgegriffen, die im Privatleben – in der Familie, im

Freund*innen- und Bekanntenkreis – erlernt wurden. Viele dieser Fähigkeiten dienen den Fachkräften auch im beruflichen Handeln. Jedoch sind hier ein reflexives Bewusstsein sowie eine fortlaufende Auseinandersetzung mit der eigenen Interaktion und Kommunikation erforderlich, um die professionelle Beziehung konstruktiv zu gestalten. Daher legt dieses Buch den Fokus darauf, Fachkräfte dabei zu unterstützen, handlungsfeldübergreifend und in Bezug auf verschiedene Konstellationen die eigene Beziehungsgestaltung zu reflektieren und zu adaptieren. Weiterhin werden Spannungsfelder der Beziehungsgestaltung aufgezeigt und Möglichkeiten erläutert, wie die bewusste Gestaltung der Beziehung zu Klient*innen einen wichtigen Beitrag dazu leistet, Menschen in ihren individuellen Lebenslagen und Entwicklungsprozessen zu begleiten und dabei die professionelle Beziehung gewinnbringend einzusetzen.

Dieses Buch bietet Leser*innen die Möglichkeit, sich zunächst mit der professionellen Beziehung auseinanderzusetzen, um deren Gestaltung gezielt vornehmen zu können (▶ Kap. 1). Kapitel 2 beschäftigt sich mit der Kommunikation und Interaktion zwischen Fachkräften und Klient*innen sowie deren Auswirkung auf die professionelle Beziehung (▶ Kap. 2). Hierzu gehören bspw. die verbale und nonverbale Kommunikation, die Gestaltung von Nähe und Distanz zur Klientel sowie die Beachtung individueller Beziehungsbedürfnisse und Affekte. Außerdem wird das Setting als wichtiger Einflussfaktor auf Beziehung erläutert. Im dritten Kapitel richtet sich der Blick auf unterschiedliche Kontext- und klientelspezifische Besonderheiten und Herausforderungen in der Beziehungsgestaltung, die sich aus der Tätigkeit als Sozialarbeiter*in in professionellen Beziehungen ergeben können (▶ Kap. 3). Spannungsfelder wie Hilfe und Kontrolle, Unterstützung und Entmachtung sowie der Umgang mit destruktiven Beziehungsmustern und den Auswirkungen psychischer Erkrankung und Verhaltensauffälligkeiten werden in Bezug auf die Beziehungsgestaltung ausgeführt. Für die genannten Themen werden unterschiedliche ›Stellschrauben‹ der Beziehungsgestaltung vorgestellt, damit Fachkräfte in die Lage versetzt werden, bewusst und reflektiert an einzelnen ›Schräubchen‹ situationsgerecht und fachlich fundiert drehen zu können. Anhand von Praxisbeispielen aus unterschiedlichen Handlungsfeldern werden Besonderheiten und Herausforderungen jeweils herausgearbeitet und Strategien für einen adäquaten Umgang mit den jeweiligen Herausforderungen aufgezeigt. Die Gestaltung der gemeinsamen Arbeitsbeziehung soll als Aushandlungsprozess zwischen den interagierenden Partner*innen verstanden werden, daher wird immer wieder auch die Perspektive der Adressat*innen Sozialer Arbeit in den Blick genommen, um eine Sensibilisierung für unterschiedliche Beziehungsbedürfnisse und Hindernisse in der professionellen Beziehungsgestaltung zu ermöglichen. Im letzten Kapitel werden die wichtigsten Gedanken in Bezug auf die professionelle Beziehungsgestaltung zusammengefasst und ein Ausblick auf künftige Herausforderungen, Fragen und Auseinandersetzungen gegeben (▶ Kap. 4).

Inhalt

Vorwort der Reihenherausgeber*innen 5

Zu diesem Buch 6

1 **Was zeichnet eine professionelle Beziehung aus?** **11**
   1.1 Beziehung eingehen und gestalten 11
   1.2 Beziehungsförderliche Haltung 19
   1.3 Die professionelle Rolle 23

2 **Kommunikation, Interaktion und Setting in der Beziehungsgestaltung** **28**
   2.1 Gestaltung der Kommunikation 28
      2.1.1 Verbale Kommunikation 32
      2.1.2 Paraverbale Kommunikation 38
      2.1.3 Nonverbale Kommunikation 41
      2.1.4 Die Bedeutung der Kommunikation für die Beziehungsgestaltung 44
      2.1.5 Metakommunikation 45
   2.2 Gestaltung der Interaktion 50
      2.2.1 Symmetrische und komplementäre Interaktionen 53
      2.2.2 Synchronisation der Interaktion und Herstellen von Rapport 57
      2.2.3 Nähe und Distanz 61
      2.2.4 Affekt- und Emotionsregulation 66
   2.3 Gestaltung des Settings 71

3	**Kontext- und klientelabhängige Spannungsfelder in der Beziehungsgestaltung**	**77**
3.1	Hilfe und Kontrolle	77
3.2	Unterstützung und Entmachtung	83
3.3	Negative Beziehungserfahrungen und destruktive Beziehungsmuster	86
3.4	Klientelspezifische beziehungshinderliche Faktoren	90
4	**Praxisfall, Zusammenfassung und Ausblick**	**96**
Literatur	....	**105**
Stichwortverzeichnis	....	**115**

1 Was zeichnet eine professionelle Beziehung aus?

> **Überblick**
>
> Im ersten Kapitel richtet sich der Blick auf die professionelle Beziehung. Beziehung wird in diesem Kontext grundlegend als eine Reihe aufeinander bezogener Interaktionen zwischen Sozialarbeitenden und ihren Klient*innen verstanden. Die professionelle Beziehungsgestaltung umfasst somit ein reflektiertes und bewusstes Vorgehen seitens der Fachkräfte in der (Aus-)Gestaltung dieser Interaktionen. Hierzu gehören bspw. die Haltung, mit der Fachkräfte ihrer Klientel begegnen, sowie die professionelle(n) Rolle(n), die sie einnehmen.

1.1 Beziehung eingehen und gestalten

Von Beginn des Lebens an lernen Menschen, miteinander Beziehungen zu gestalten und somit den gegenseitigen Umgang auszuhandeln. Beziehung als »interaktionales Prozessgeschehen« (Gahleitner 2020, 327) wird durch Vorerfahrungen der Beteiligten beeinflusst und steuert Erwartungen an künftige Interaktionen (vgl. ebd.). Beziehung beinhaltet folglich eine Abfolge von Interaktionen zwischen mindestens zwei beteiligten Personen, die beobachtbar sind. Beziehungen dienen der Befriedigung von Bedürfnissen oder bringen einen Zugewinn für die Beteiligten mit sich und sorgen für gegenseitige Bedeutsamkeit (vgl. Sachse 2016, 11 f.).

1 Was zeichnet eine professionelle Beziehung aus?

Die Bindungstheorie nach Bowlby (s. Exkurs: Bindungstheorie) stellt eine wichtige Grundlage für Bindung als besonderes sozial-emotionales Beziehungssystem dar (vgl. Schmidt-Denter 2005, 12), wobei Bindung und Beziehung nicht gleichgesetzt werden sollten. Bindung kann als Entwicklung enger emotionaler Beziehungen angesehen werden und ist somit eine spezifische Art sozialer Beziehungen mit affektiver Verbindung – zunächst zwischen einem Säugling und seiner wichtigsten Bezugsperson (vgl. Strauß 2014, 129; Stemmer-Lück 2012, 120 f.; Grossmann & Grossmann 2021, 71).

Exkurs: Bindungstheorie

Die Bindungstheorie (engl. attachment theories) geht auf die Forschung des Psychoanalytikers und Psychiaters John Bowlby (1907–1990) zum Bindungsverhalten zwischen Müttern und Kleinkindern zurück (weiterführend Bowlby 2006, 2018). Die Wissenschaftlerinnen Mary Ainsworth, Mary Blehar, Everett Waters und Sally Wall führten diese Forschung weiter und klassifizierten anhand des Fremde-Situations-Tests (strange situation test) (weiterführend Ainsworth & Wittig 1969) Bindungsstile, die sich in der frühen Kindheit entwickeln und Stabilität bis ins Erwachsenenalter haben. Diese Bindungsstile sind: sicher-gebunden, unsicher-vermeidend, unsicher-ambivalent sowie desorganisiert (weiterführend Ainsworth et al. 1978). Je nach Bindungsstil treten im Erwachsenenalter unterschiedliche Verhaltensweisen zutage wie bspw. Abwertung von Bindung bei unsicher-vermeidend gebundenen Menschen, Passivität in der Bindung bei unsicher-ambivalent gebundenen Personen oder Wertschätzung von Bindung bei sicher gebundenen Menschen (vgl. Ahnert 2018, 196). Eine sichere Bindung (Bowlby spricht auch von sicherer Basis) stellt die beste Voraussetzung dar, die Umwelt zu explorieren, neue Erfahrungen zu sammeln und neue Verhaltensweisen zu erproben, da das grundlegende Bedürfnis nach Sicherheit, Geborgenheit und Nähe erfüllt ist. Bowlby beschreibt eine grundlegende Neigung des Menschen zur Herstellung und Aufrechterhaltung von Nähe zu anderen Menschen (vgl. Bowlby 2006, 192) und entwickelt ein Phasenmodell der Bindung (weiterführend Bowlby 2018; Brisch 2014). Im Lebensverlauf entwickeln Menschen sogenannte internale oder innere Arbeitsmodelle (weiterführend Brisch 2018, 38; Bowlby 2006, 86 ff.), die durch die Qualität der Beziehungserfahrungen bestimmt werden und dazu dienen, das Verhalten von Bindungspersonen vorherzusagen (vgl. Julius 2009, 14).

Die Arbeiten von Bowlby und Ainsworth et al. wurden kritisiert für ihren ausschließlichen Fokus auf die Mutter als Bezugsperson und Vernachlässigung der Vaterfigur sowie für die als pauschal empfundene Kategorienbildung (vgl. Heidbrink, Lück & Schmidtmann 2009, 152). In der Literatur findet man häufig eine synonyme Verwendung der Begriffe Bindung und Beziehung, jedoch kann Bindung vielmehr als ein Element des Gesamtsystems Beziehung verstanden werden (weiterführend Brisch 2018).

Im Unterschied zu diesen sehr intuitiv erlernten Formen der Beziehungsgestaltung stellt die professionelle Beziehung in allen psychosozialen Arbeitsfeldern die Herausforderung an die Fachkräfte, einen bewusst gestalteten Aushandlungsprozess für die Arbeitsbeziehung mit Klient*innen zu ermöglichen (weiterführend Best 2021, 188 f.). Hier entsteht somit eine mögliche Diskrepanz zwischen der Intuition einer echten, spontanen und emotionalen Beziehung im Gegensatz zu dem reflektierten, rationalen und geplanten Vorgehen in der professionellen Beziehung (vgl. Heiner 2004, 140).

> **Gut zu merken**
>
> Private Beziehungen unterscheiden sich deutlich von professionellen Beziehungen hinsichtlich Intuition und Reflexion in der Gestaltung der Beziehung.

In einem Forschungsprojekt von Klug et al. (2020) wurden Fachkräfte der Sozialen Arbeit zu ihrer Sicht auf Beziehungsgestaltung befragt. Hier wurde insbesondere auf das Verständnis von Beziehungsgestaltung sowie deren Umsetzung in der Praxis fokussiert. In fast allen Interviews stellen Fachkräfte die Beziehung als Grundstock oder Basis der Sozialen Arbeit dar. Gleichzeitig besteht eine gewisse Unsicherheit darüber, wie genau die

1 Was zeichnet eine professionelle Beziehung aus?

Ausgestaltung einer professionellen Beziehung aussehen sollte und wie diese umgesetzt werden kann. Herausgestellt wird, dass es handlungsfeld- und einrichtungsspezifische Parameter gibt, die auf die Gestaltung der Beziehung Einfluss nehmen, und dass Respekt, Distanzwahrung und Selbstreflexion wesentliche Grundvoraussetzungen darstellen. Gleichzeitig beschreiben viele der befragten Fachkräfte im Rahmen der Studie den Einsatz der Intuition und des Bauchgefühls sowie der Berufserfahrung zur Gestaltung der Beziehung zur Klientel. Die Autor*innen der Studie sprechen sich zudem für eine zielgruppenspezifische Beziehungsgestaltung aus, um den Bedürfnissen der Klient*innen gerecht werden zu können (vgl. Klug et al. 2020, 378 ff.).

Die professionelle Beziehung muss diverse *Anforderungen* erfüllen: Alle Beteiligten sollten sich innerhalb der Beziehung im weitesten Sinne wohlfühlen, um sich öffnen und auf die Zusammenarbeit einlassen zu können. Weiterhin ist die Arbeitsbeziehung in aller Regel zeitlich befristet, wodurch deren Ende in den meisten Fällen von Beginn an eingeplant wird. Diese Befristung der Beziehung steht in einem Gegensatz zu der eigentlich förderlichen Langfristigkeit von Beziehungen in Hinblick auf Vertrauensaufbau und Offenheit. In manchen Kontexten kann die zeitliche Begrenzung der Zusammenarbeit eine Entlastung darstellen, denkt man bspw. an Arbeitsbeziehungen innerhalb der Sozialen Arbeit im Zwangskontext.

Praxisbeispiel

Ein Klient wird im Rahmen der Bewährungshilfe nach der Haftentlassung von einem Sozialarbeiter begleitet. Diese Beziehung ist klientenseitig nicht selbstgewählt, sondern eine verpflichtende Auflage zur Resozialisierung des Mannes nach Verbüßung seiner Haftstrafe. Bei einem ersten Kennenlernen geht der Sozialarbeiter offen mit der Unfreiwilligkeit der Teilnahme an der Maßnahme um, indem er sagt: »Sie wissen, dass es sich hierbei um eine Auflage handelt. Und ich kann mir vorstellen, dass Sie sich Besseres vorstellen könnten, als die Termine mit mir wahrzunehmen. Mir ist wichtig, dass wir gemeinsam einen Rahmen schaffen, um die Zeit, in der wir zusammenarbeiten, gut zu gestalten. Was muss aus Ihrer Sicht hier passieren, damit eine gute Zusammenarbeit zwischen uns entsteht?« Der Klient fühlt sich angenommen und verstanden. Nach einem guten Gespräch mit dem Sozialarbeiter sagt er: »Ich wollte eigentlich zu Beginn gar nichts sagen. Jetzt habe ich Ihnen ganz viel von mir erzählt. Ich find es schon ok, hier hinzukommen und mit Ihnen zu sprechen. Ist ja nicht für immer.«

Hier wird deutlich, dass die Kombination aus wertschätzendem und respektvollem Umgang des Sozialarbeiters und – auf Seiten des Klienten – die Akzeptanz fehlender Freiwilligkeit der Maßnahme sowie deren zeitliche Befristung dazu beitragen, dass die Person bereit ist, sich auf die Arbeitsbeziehung einzulassen.

Praxistipp!

Im Umgang mit fehlender Freiwilligkeit der Klient*innen innerhalb der professionellen Beziehung ist es wichtig, eine akzeptierende, wertschätzende und interessierte Grundhaltung zu entwickeln und offen mit der Unfreiwilligkeit umzugehen. Diese zu tabuisieren, stellt hingegen eine Barriere innerhalb der Beziehung dar.

Im Folgenden soll der Blick auf eine weitere grundlegende Theorie zur Gestaltung von Beziehungen gelenkt werden: die Theorie der rationalen Entscheidung (engl. rational choice theory). Diese besagt, dass Menschen grundlegend vernünftig handeln und dabei Kosten-Nutzen-Abwägungen vornehmen (vgl. Gigerenzer 2019, 2; Braun 2009, 395 ff.). Sie streben hierbei nach Nutzenmaximierung, wobei die Entscheidungen zum Erreichen des individuell größten Nutzens durchaus unterschiedlich ausfallen können (vgl. Hancken 2020, 72 f.). Es wird hierbei allen Handelnden unterstellt, Entscheidungen je nach Erfordernis der Situation zu treffen, was als Rationalitätsprinzip bezeichnet wird. Grundlegend für Entscheidungen ist das Vorliegen mehrerer Handlungsoptionen mit unterschiedlichen Konsequenzen für die Beteiligten (vgl. Braun 2009, 399 f.). Auf dieser Theorie gründet die Austauschtheorie (nach Blau & Homanns; vgl. Heidbrink, Lück & Schmidtmann 2009, 155), die in diesem Kontext insbesondere auf den Austausch sozialer Güter bezogen ist (s. Exkurs: Austauschtheorie).

Exkurs: Austauschtheorie

Grundlegend geht die Austauschtheorie (nach Goerge C. Homans & Peter Blau) davon aus, dass Menschen ihr Verhalten und ihre Interaktionen so ausrichten, dass diese für sie vorteilhaft bzw. nutzbringend sind. Dies gilt insbesondere für Beziehungen zu anderen Menschen. Beziehungen werden folglich eingegangen und fortgesetzt, wenn sie den Beteiligten einen Vorteil verschaffen (weiterführend Heidbrink, Lück & Schmidtmann 2009, 157). Im Jahr 1960 beschreibt der Soziologe Alwin Gouldner die Reziprozitätsnorm (engl. norm of reciprocity), die beinhaltet, dass ein Schaden von Schädigenden auszugleichen ist und Hilfe zu einer Verpflichtung zur Wiedergutmachung führt (weiterführend Gouldner 1960). Die Austauschtheorie geht über die Reziprozitätsnorm von Gouldner hinaus, indem nicht nur eine Wiederherstellung oder Wiedergutmachung des ursprünglichen Zustands angestrebt wird, sondern darüber hinaus ein Streben nach Gewinn vorherrscht (vgl. Heidbrink, Lück & Schmidtmann 2009, 158). Die Austauschtheorie wurde später durch die Sozialpsychologen John W. Thibaut und Harold H. Kelley zur Interdependenztheorie weiterentwickelt, die eine differenziertere Sicht auf die subjektive Einschätzung der Personen ermöglicht (weiterführend Thibaut & Kelley 1959).

Personen gehen folglich soziale Beziehungen ein, um einen Nutzen aus ihnen zu ziehen. Dieser besteht innerhalb sozialer Beziehungen insbesondere in der Erfüllung persönlicher Bedürfnisse wie bspw. sozialer Anerkennung (vgl. Keuper 2013, o. S.).

Gut zu merken

Menschen handeln zu ihrem eigenen Nutzen. Innerhalb sozialer Beziehungen ist hiermit häufig eine Bedürfniserfüllung verbunden.

1.1 Beziehung eingehen und gestalten

Aus der Perspektive der Adressat*innen Sozialer Arbeit bedeutet dies, dass insbesondere Personen, die bislang vermehrt negative Beziehungserfahrungen in ihrem Leben gemacht haben, einen großen Gewinn aus einem positiven Beziehungserlebnis ziehen können und die professionelle Beziehung dadurch als Lernfeld für neue Beziehungserfahrungen bedeutsam wird. Gleichzeitig haben Menschen mit negativen Beziehungserfahrungen häufig eine geringe Erfolgserwartung an die Beziehung und erleben somit den Nutzen der Beziehung gar nicht oder nur eingeschränkt, weil sie sich nicht oder nur ansatzweise auf die Beziehung zur Fachkraft einlassen können. Eine erfolgreiche Beziehungsgestaltung bietet Klient*innen die Chance zur Weiterentwicklung, durch sie »kann die Möglichkeit zu Explorations- und gemeinsamen dialogischen Ko-Konstruktionsprozessen entstehen, die wiederum Selbstevaluation, Selbstreflexions- und Bildungsvorgänge befördern und damit Veränderungsprozesse anregen« (Gahleitner 2020, 329). Beziehungsgestaltung ist somit als dynamisches Geschehen zu begreifen, das miteinander interaktiv stattfindet, sich im Verlauf verändert und im professionellen Kontext einem Ende zugeführt wird, das geplant und bewusst ausgestaltet werden sollte.

Weiterhin wichtig zu beachten ist der *Aushandlungsprozess* innerhalb der Beziehungsgestaltung zwischen Fachkraft und Klientel. Beziehung wird nie einseitig von der Fachkraft gestaltet, sondern benötigt immer ein gegenseitiges Aufeinander-Einlassen, wodurch ein gemeinsames Agieren, Interaktion sowie die Klärung von Verantwortlichkeit und gegenseitigen Erwartungshaltungen erfolgen (vgl. Best 2020a, 149 ff.). Diese Aushandlung ist insbesondere in Kontexten von Bedeutung, in denen klient*innenseitig kein Anliegen und Auftrag an die Soziale Arbeit gerichtet wird, sondern die Fachkräfte Kontakt mit Klient*innen aufnehmen. Ein wichtiges Beispiel hierfür ist die aufsuchende Hilfe.

> **Gut zu merken**
>
> Beziehung kann nie einseitig von der Fachkraft gestaltet werden, sondern immer nur in Aushandlung mit Klient*innen.

1 Was zeichnet eine professionelle Beziehung aus?

> **Praxisbeispiel**
>
> Eine Fachkraft der Sozialen Arbeit nimmt im Rahmen der Gesundheitsprävention Kontakt zu Prostituierten auf dem Straßenstrich auf. Ziel der Kontaktaufnahme ist es, Zugang zu den Sexarbeiterinnen zu erlangen, um diese über Möglichkeiten der Unterstützung und Gesundheitsprävention aufzuklären, das Angebot einer Kurzberatung bekannt zu machen und Informationsmaterial zu verteilen. Viele der Prostituierten sind zunächst skeptisch und lehnen den Kontakt ab. Die Fachkraft sucht regelmäßig die Plätze auf, an denen sich die Prostituierten aufhalten, verteilt Kaffee und Kondome, um überhaupt Zugang zu ihrer Zielgruppe zu bekommen. Nach einigen Besuchen auf dem Straßenstrich wendet sich eine junge Sexarbeiterin an die Fachkraft und fragt, ob sie mal in Ruhe reden können.

Anhand dieses Beispiels wird verdeutlicht, dass Beziehung als Angebot zu verstehen ist, adressierte Personen jedoch selbst entscheiden, inwiefern sie das Angebot für sich annehmen und nutzen (weiterführend Mörgen 2020, 322 ff.). Beziehung kann nicht aufgedrängt oder verordnet werden, sondern muss oftmals mit Geduld, Zeit, wiederholenden Angeboten und Einfühlungsvermögen aufgebaut werden, damit überhaupt ein grundlegendes Vertrauen entsteht.

> **Praxistipp!**
>
> Sich als Fachkraft immer wieder bewusst zu machen, dass Beziehung ein Angebot innerhalb der Sozialen Arbeit darstellt und nicht erzwungen werden kann, ist wichtig, um die Verantwortung für die Gestaltung der Beziehung gemeinsam mit den Klient*innen zu tragen.

Gelingt der Zugang zur Klientel, sind in der Folge häufig weiterführende Angebote möglich, sofern die Betroffenen den Nutzen für sich erkennen und die Beziehung zur Fachkraft als gewinnbringend erlebt wird. Häufig werden Fachkräfte dadurch zu wichtigen Anlaufstellen für Menschen in prekären Lebenslagen, die über ein wenig ausgebildetes soziales Netzwerk verfügen und durch die Beziehung zur Fachkraft positive Beziehungs- und Bindungserfahrungen machen können. Wird die Beziehung abgelehnt, ist es den Fachkräften kaum möglich, Unterstützung zu leisten: »Das, was von Fachkräften und Wissenschaft am bedeutsamsten eingeschätzt wird [die Gestaltung einer professionellen sozialpädagogischen Beziehung] ist also professionell im Grunde nicht sicher herstellbar« (Rätz 2017, 138).

1.2 Beziehungsförderliche Haltung

Beziehung wird in aller Regel als etwas Positives angenommen, obwohl im Alltag der Sozialen Arbeit Beziehungen häufig konflikthaft und herausfordernd sind (vgl. Rätz 2017, 137). Eine Herausforderung für Fachkräfte der Sozialen Arbeit besteht darin, mit der Diversität an Lebensrealitäten und damit einhergehenden Überzeugungen und Werten der Klient*innen umzugehen und gleichzeitig eine stetige Reflexion eigener Wertvorstellungen und der daraus resultierenden Grundhaltung in der Beziehung vorzunehmen: »Nur wer weiß, warum welches Verhalten Überzeugungen infrage stellt oder auf andere Weise herausfordert, ist in der Lage, professionell – wertschätzend, bewusst und wissensbasiert – darauf zu reagieren« (Herrmann & Sauerhering 2019, 23).

Im Folgenden werden die Grundprinzipien nach Carl R. Rogers – Akzeptanz, Empathie und Kongruenz – in Anwendung auf die Haltung innerhalb der Beziehung vorgestellt. Nach Rogers beinhaltet *Akzeptanz* die unbedingte Wertschätzung der Klient*innen. Der Begriff der Wertschätzung wird vielfach in der Praxis und Theorie verwendet, gleichzeitig bleibt er im konkreten Handeln vage. »Unbedingte Wertschätzung bedeutet, eine Person zu schätzen, ungeachtet der verschiedenen Bewertungen, die man selbst ihren verschiedenen Sichtweisen gegenüber hat« (Rogers 1959, 35; s. Exkurs: Personenzentrierter Ansatz nach Carl R. Rogers).

Exkurs: Personenzentrierter Ansatz nach Carl R. Rogers

Carl R. Rogers war Professor für Psychologie und ist der Begründer der Gesprächspsychotherapie und des personenzentrierten Ansatzes. Viele der wichtigen Erkenntnisse von Rogers aus dem Therapiekontext lassen sich in hohem Maße auf die Soziale Arbeit übertragen. Unter anderem werden die drei Basisvariablen nach Rogers – Akzeptanz, Empathie und Kongruenz – in allen psychosozialen Arbeitsfeldern breit rezipiert. Rogers folgt der Hypothese, dass Menschen alles, was sie zur Veränderung brauchen, bereits in sich tragen, und die Aufgabe der professionellen Helfenden darin besteht, den Prozess der Veränderung zu begleiten und zu unterstützen: »Das Individuum verfügt potentiell über unerhörte Möglichkeiten, um sich selbst zu begreifen und seine Selbstkonzepte, seine Grundeinstellungen und sein selbstgesteuertes Verhalten zu verändern« (Rogers 2019, 66).

Carl R. Rogers steht folglich für eine Haltung der Professionellen gegenüber den Klient*innen, die geprägt ist durch Nondirektivität, ehrliches Interesse und Augenhöhe im Arbeitsprozess. Damit wird der personenzentrierte Ansatz für die Soziale Arbeit besonders anschlussfähig und beeinflusst in hohem Maße die Idee professioneller Beziehungsgestaltung.

Ein wichtiges Beispiel für den Umgang mit unterschiedlichen Werten, Einstellungen und Weltanschauungen ist die Soziale Arbeit mit rechtsextrem orientierten Menschen.

Praxisbeispiel

Im Rahmen einer schulischen Präventionsveranstaltung gegen Rassismus kommt es mehrfach zu rechtsextremen und rassistischen Äußerungen eines Schülers, der sich dadurch versucht, vor der Gruppe zu profilieren. Ein Team aus zwei Schulsozialarbeiter*innen, die gemeinsam die Präventionsveranstaltung durchführen, sind geschockt über die Äußerungen des Jugendlichen und versuchen, ihm für sein Verhalten keine Bühne zu bieten. In einer Pause bitten sie ihn zu einem Gespräch und konfrontieren ihn mit seinem Verhalten. Hierbei sind sie bemüht, verstehen zu wollen, was den Jugendlichen bewogen hat, derartige Äußerungen zu tätigen, und welche Erfahrungen er in der Vergangenheit mit Menschen mit internationalem Hintergrund gemacht hat, über die er sich lautstark abfällig äußert. Es fällt den beiden Fachkräften schwer, einige der Äußerungen auszuhalten, ohne wütend zu werden. Dennoch gelingt es ihnen, Ruhe zu bewahren, einen respektvollen Ton zu wahren und sich authentisch für die Ansichten des Jugendlichen zu interessieren. Dabei zeigen sie offen, dass sie den Jugendlichen als Person ernst nehmen, seine Sichtweisen aber keinesfalls teilen.

Praxistipp!

Bei extremen Diskrepanzen im Wertesystem und der Weltanschauung kann es sehr herausfordernd sein, sich authentisch zu verhalten und gleichzeitig Interesse an den Sichtweisen des Gegenübers zu zeigen. Eine Rückbesinnung auf die neugierig-interessierte Grundhaltung hilft hier, sich auf den Kontakt einzulassen, ohne eigene Werte oder Einstellungen zu verleugnen.

Gleichzeitig einen Menschen als Person in vollem Umfang zu respektieren und wertzuschätzen, ohne problematische Verhaltensweisen und Einstellungen zu bagatellisieren, stellt eine wichtige und gleichzeitig herausfordernde Bedingung für die Herstellung einer tragfähigen Beziehung in diesem Kontext dar. Der unbedingte Wunsch, das Verhalten, die Beweggründe und die Gedanken des Gegenübers verstehen zu wollen, legt die Basis für das Gegenüber, sich zu öffnen und sich preiszugeben (vgl. Möller 2021, 85 f.).

Gut zu merken

Eine tragfähige professionelle Beziehung setzt Respekt und Wertschätzung des Gegenübers voraus, was nicht bedeutet, in Werten und Ansichten mit der Person übereinzustimmen oder ihre Meinung zu teilen.

1 Was zeichnet eine professionelle Beziehung aus?

Was im beruflichen Alltag der Sozialen Arbeit häufig fälschlicherweise als Wertfreiheit bezeichnet wird, beinhaltet Rogers folgend eher die Trennung eigener Bewertungen spezifischer Verhaltens- oder Sichtweisen von der Bewertung des Menschen als Person. Dies scheint ein Idealbild zu sein, dem Fachkräfte sich annähern, das sie aber nie erreichen können. Dennoch ist diese Grundhaltung sehr hilfreich, um Menschen möglichst bedingungslos wohlwollend innerhalb der Arbeitsbeziehung begegnen zu können und gleichzeitig eigene Bewertungen nicht verleugnen zu müssen.

Zwei weitere für die Haltung innerhalb der professionellen Beziehung besonders bedeutsame Aspekte sind laut Rogers Empathie und Kongruenz. Mit *Empathie* ist das einfühlsame Verstehen gemeint, das ermöglicht, sich in sein Gegenüber hineinzuversetzen und dadurch Gefühle und Bedeutungen der anderen Person zu erspüren (vgl. Rogers 2019, 68). »Die Beziehung gilt als der Ort, an dem Empathie geschieht, Einfühlung in die Not des Anderen, der Ort, an dem Hilfe und Veränderung geschehen kann« (Kurz-Adam 2019, 329). Wichtig ist hierbei, dass Einfühlen oder Mitgefühl nicht verwechselt werden mit Mitleid. Eine Distanzierung von den Gefühlen des Gegenübers wird benötigt, um Situationen und Erlebnisse nachempfinden zu können, aber zu jedem Zeitpunkt zu reflektieren, dass die damit einhergehenden Gefühle nicht die eigenen sind, sondern zu der Person gehören, der man empathisch begegnet (vgl. Krappmann 2014, 212).

> **Praxistipp!**
>
> Wichtig ist, sich immer wieder selbst zu reflektieren, um Mitgefühl zu ermöglichen, ohne mitzuleiden. Wenn man als Fachkraft merkt, dass bestimmte Situationen oder Schilderungen der Klient*innen einem zu nahe gehen, um professionell reagieren zu können, ist es wichtig, Anlaufstellen zu haben, in denen das Erleben besprochen und das weitere Vorgehen geplant werden kann, damit der notwendige Abstand wiederhergestellt werden kann.

Kongruenz – die dritte Basisvariable nach Rogers – meint die Echtheit, mit der die professionelle Person dem Gegenüber begegnet, also wie sehr sie sie selbst ist. Hierzu wird auch der Begriff der Transparenz genutzt, das Offenlegen von Gefühlen und inneren Vorgängen, die innerhalb der Beziehung ausgelöst werden (vgl. Rogers 2019, 67). Hiermit ist gemeint, sich in prozessförderlichem Sinne mit eigenen Eindrücken und Assoziationen einzubringen, allerdings nicht unreflektiert alle Gefühle, die im Prozess entstehen, zu offenbaren. Eine beziehungsförderliche Haltung braucht als Motive ehrliches Interesse, Neugier und den Wunsch, das Gegenüber verstehen zu wollen, ohne Verhaltens- und Handlungsweisen zu werten oder sich in den Gefühlen des Gegenübers zu verstricken. In Kombination mit der Echtheit, sich als Person in adäquatem Maße im Arbeitsprozess zu zeigen, statt Rollengebaren an den Tag zu legen, wird eine beziehungsförderliche Atmosphäre hergestellt.

Zwischen professionellen und freundschaftlichen Beziehungen gibt es viele Überschneidungen, da beide Beziehungsformen durch die Interaktion mindestens zweier beteiligter Personen charakterisiert sind, wobei die Interaktionen in Wechselwirkung miteinander stehen und aneinander anknüpfen. Während funktionelle Beziehungen sich in freundschaftliche Beziehungen entwickeln können, ist dies bei einer professionell gestalteten Beziehung ausgeschlossen, die Anforderung besteht hier in einer klaren Rollenverteilung zwischen helfender Person und Hilfe in Anspruch nehmender Person (vgl. Hancken 2020, 56).

1.3 Die professionelle Rolle

Professionalität in Bezug auf die Beziehungsgestaltung beinhaltet insbesondere die Reflexion der eigenen Rolle innerhalb der Beziehung zwischen Fachkraft und Klientel. Innerhalb der Sozialen Arbeit gilt es als Fachkraft, sowohl professionelle Rollenbeziehungen als auch persönliche Beziehungen zu gestalten, wobei es zu einer Gleichzeitigkeit der beiden Beziehungsformen kommen kann (vgl. Lenz & Nestmann 2009, 9f.; Gemende 2014, 132), da die Beteiligten sich als Rollenträger*in und gleichzeitig als natürliche Person in die professionelle Beziehung einbringen.

1 Was zeichnet eine professionelle Beziehung aus?

Oft vernachlässigt wird, dass Fachkräfte ebenso wie Klient*innen eigene Beziehungsbedürfnisse, Beziehungs- und Bindungserfahrungen sowie ggf. damit einhergehende Traumatisierungen in das Beziehungsgeschehen einbringen (vgl. Rätz 2017, 138), die in hohem Maße Einfluss auf die Arbeitsbeziehung nehmen, wie in den Ausführungen zur gemeinsamen Aushandlung der Beziehung erläutert wurde.

Praxistipp!

Sich als Fachkraft über eigene Bindungs- und Beziehungserfahrungen bewusst zu werden, ist ein wichtiger erster Schritt zum reflektierten Umgang mit eigenen Wünschen und Bedürfnissen innerhalb professioneller Beziehungen. Möglichkeiten hierzu bieten professionelle Reflexionsformate wie Supervision, Intervision und kollegiale Beratung.

Grundsätzlich ist beachtenswert, dass die professionelle Beziehung durch verschiedene Bedingungen, normative Ansprüche und methodische Rahmungen verortet wird, die sich auf sie auswirken (vgl. Riegler 2016, 116). Hier sind Aspekte wie der institutionelle Rahmen mit seinen Verpflichtungen und Aufträgen sowie Zuständigkeiten und Kompetenzen der Fachkräfte wichtige Einflussfaktoren für die Ausübung der professionellen Rolle innerhalb der Beziehung zwischen Fachkraft und Klient*in.

Praxisbeispiel

Ein Studierender der Sozialen Arbeit befindet sich im Praxissemester in einem Drogenhilfezentrum, in dem verschiedene Angebote wie ein Kontaktcafé, mobile Spritzenentsorgung sowie Beratung angeboten werden. Zu den Prinzipien der Einrichtung gehört Niedrigschwelligkeit, Akzeptanz des Konsums sowie Freiwilligkeit der Angebote. Der Studierende hat im Rahmen seines Praktikums mehrere Aufgaben innerhalb der Einrichtung, wird aber in den ersten Wochen schwerpunktmäßig für die Beaufsichtigung des Konsumraums sowie für die Spritzenentsorgung eingesetzt. Nach einigen Tagen wendet er sich an seine Anleitung und beklagt: »Ich fühle mich wie ein Kontrolleur. Ich würde viel lieber mit den Besucher*innen Gespräche und Beratungen führen und intensiver mit ihnen in Kontakt kommen.« Die Anleitung achtet in den folgenden Tagen darauf, den Studierenden mehr in Kontakt mit Klient*innen zu bringen, er nimmt an einigen Beratungen teil und findet guten Kontakt zu den Besuchenden. In einem Reflexionsgespräch mit der Anleitung meldet er zurück: »Ich finde die Arbeit sehr vielseitig, sie macht mir auch viel Spaß. Ich merke aber, wie schwierig ich es finde, in den verschiedenen Rollen zu agieren und mich und mein Verhalten immer wieder anzupassen.«

Wie anhand dieses Beispiels verdeutlicht wird, üben Fachkräfte innerhalb der Sozialen Arbeit sehr unterschiedliche und vielfältige Aufgaben wie bspw. Begleitung, Beratung, Schutz, Krisenintervention, Kontrolle oder Prävention aus, wodurch sich die einzunehmenden Rollen jeweils verändern können (vgl. Riegler 2016, 116 ff.).

> **Gut zu merken**
>
> Die Rolle der Fachkraft kann sich aufgrund verschiedener Aufträge und Situationen verändern. Dies sollte hinsichtlich der Einflussnahme auf die Beziehungsgestaltung reflektiert werden.

Es erfordert eine gute Reflexionsfähigkeit, berufliche Erfahrung und kollegialen Austausch, um das Verhalten und Vorgehen in den unterschiedlichen Rollen mit den damit einhergehenden Besonderheiten und Anforderungen an die Beziehungsgestaltung professionell zu hinterfragen und zu adaptieren. Der Rollenwechsel sollte zudem bei Bedarf gegenüber den Klient*innen benannt und thematisiert werden, um Irritationen in der Beziehung zu reduzieren, bspw. wenn die Tätigkeit Kontrollaufträge und Begleitung oder Beratung umfasst.

Praxistipp!

Als Fachkraft sollten Rollenwechsel und -konflikte mit den Beteiligten thematisiert werden. So wird für Klient*innen eine Veränderung des Verhaltens oder Auftretens nachvollziehbarer und irritiert dadurch deutlich weniger die professionelle Beziehung.

Auf den Punkt gebracht

Beziehungen zeichnen sich durch ihren interaktionalen Charakter aus und werden durch Erwartungen und Erfahrungen geprägt. Sie sollten als Angebot verstanden werden, können nur in gemeinsamem Agieren hergestellt werden und erfordern einen gegenseitigen Aushandlungsprozess.

Beziehungsgestaltung vollzieht sich häufig intuitiv. In professionellen Beziehungen sollte die Beziehungsgestaltung jedoch bewusst und reflektiert eingesetzt werden, um eine konstruktive und kooperative Zusammenarbeit zwischen Klient*innen und Fachkräften zu gewährleisten.

Hierbei sollte die Beziehung auf Wertschätzung und Respekt aufbauen und handlungsfeld-spezifisch angepasst und ausgestaltet werden.

Die professionelle Beziehung stellt vielfältige Anforderungen an die Haltung der Fachkräfte hinsichtlich Differenzen in Werten und Überzeugungen, die durch die Berücksichtigung der Basisvariablen nach Carl Rogers – Empathie, Akzeptanz und Kongruenz – bewältigt werden können.

Zur professionellen Beziehungsgestaltung wird eine fortwährende Reflexion der eigenen Rolle vorausgesetzt. Hierbei sind (Beziehungs-)Bedürfnisse der an der Beziehung Beteiligten ebenso relevant wie institutionelle Aufträge und Rahmungen.

Reflexionsfragen

- Wie unterscheiden sich für Sie private von professionellen Beziehungen? Woran merken Sie Unterschiede im eigenen Verhalten und Vorgehen?
- In welchen Situationen und Konstellationen erleben Sie Herausforderungen bezüglich Ihrer eigenen Haltung (Wertediskrepanzen) und wie wirken sich diese aus?
- Wie gelingt es Ihnen, eine fortwährende Reflexion der eigenen Haltung und Rolle im beruflichen Alltag zu etablieren?

Weiterführende Literatur

Bowlby, John (2006): Bindung und Verlust. Bd. 1: Bindung (engl. Original: Attachment and Loss. Vol. 1: Attachment). München: Reinhardt.

Gahleitner, Silke Birgitta (2020): Soziale Arbeit als Bindungs- und Beziehungsprofession – Ein Überblick. In: Soziale Arbeit – Zeitschrift für soziale und sozialverwandte Gebiete 69, S. 326–333.

Rogers, Carl Ransom (2019): Der neue Mensch. Stuttgart: Klett Cotta.

2 Kommunikation, Interaktion und Setting in der Beziehungsgestaltung

☞ **Überblick**

Das zweite Kapitel widmet sich den Aspekten Kommunikation, Interaktion und der Gestaltung des Settings im Rahmen der professionellen Beziehung. Hierzu wird der Einfluss (para-)verbaler und nonverbaler Kommunikation auf die Beziehungsgestaltung betrachtet. Kommunikation und Interaktion verlaufen oftmals unbewusst. Für die Beziehungsgestaltung ist es hilfreich, einige Aspekte bewusst wahrzunehmen, zu reflektieren und somit auch im Sinne der Beziehungsförderung gestalten zu können. Hierzu zählen u. a. das Nähe-Distanz-Verhältnis sowie der Umgang mit Affekten und Emotionen der Klient*innen. Weiterhin wird die Gestaltung des Settings in den Blick genommen, in dem die Beziehung stattfindet.

2.1 Gestaltung der Kommunikation

Kompetentes kommunikatives Handeln wird innerhalb der Sozialen Arbeit als eine der Schlüsselfunktionen beschrieben (weiterführend Heiner 2018) »Eine Beziehung ist nicht beobachtbar, sondern ist nur aus dem Verhalten der beteiligten Akteure erschließbar« (Sachse 2016, 10). Das Verhalten der Personen innerhalb der Interaktion, insbesondere die Reaktion auf Interventionen innerhalb der gemeinsamen Zusammenarbeit, gibt folglich Aufschluss über die Intensität und ggf. auch Qualität der Beziehung.

> **Gut zu merken**
>
> Die Qualität und Intensität von Beziehung sieht man im Verhalten und den Handlungen der Interagierenden.

Gleichzeitig dienen damit einhergehende Verhaltensweisen und Handlungen – und damit die Kombination aus verbaler, paraverbaler und nonverbaler Kommunikation – dazu, Beziehung miteinander zu gestalten und auszuhandeln. Wie in allen Kontexten des menschlichen Miteinanders stellt Kommunikation ein besonders bedeutsames Werkzeug dar, um in Interaktion zu treten, Kontakt aufzubauen, aufrechtzuerhalten und ggf. zu beenden. Dies ist wenig verwunderlich, nutzen doch alle Menschen Kommunikation sehr intuitiv für genau diesen Zweck. Die professionelle Beziehungsgestaltung braucht allerdings einen oftmals bewussten Einsatz von Kommunikation, um Interaktionen zu steuern und dadurch beziehungsförderliche Situationen und Verhaltensweisen zu ermöglichen. Kommunikation im Sinne eines Gesprächs wird durch die Beteiligten mehr oder weniger bewusst gesteuert, durch eigene Entscheidungen und Verantwortung, Ziele und Wissen beeinflusst (vgl. Edelmann & Wittmann 2019, 171f.). Ob die Beziehung stabil und tragfähig ist, wird oftmals anhand der wechselseitigen Kommunikation sichtbar. Gleichzeitig kann durch jede Interaktion Beziehung verändert werden, wodurch es zu fortlaufender Hypothesenbildung über die aktuelle Beziehungsqualität kommt (Rekonstruktionen der Beziehung). Die Fähigkeit, entsprechende Hypothesen zu bilden, hängt von der Informationsverarbeitung sowie von der Erfahrung der Professionellen ab (vgl. Sachse 2016, 10). Kommunikation in Gesprächen vollzieht sich immer in Ko-Produktion zwischen den Beteiligten, was zur Folge hat, dass Gespräche komplex und vielschichtig, wenig planbar und temporeich sind, so dass eine hohe Anforderung an die Informationsverarbeitung gestellt wird (vgl. Widulle 2020, 5).

Paul Watzlawick prägte den Satz »Man kann nicht nicht kommunizieren«. Gemeint ist damit die Unmöglichkeit, sich in einer sozialen Situation nicht zu verhalten, so dass jegliches Verhalten immer auch einen Mitteilungscharakter hat (vgl. Watzlawick, Beavin & Jackson 2017, 58 f.). Sobald Menschen in interpersonalen Situationen aufeinandertreffen, wird das Verhalten von den an der Kommunikation beteiligten Personen gegenseitig wahrgenommen und interpretiert (vgl. Hartung & Kosfelder 2019, 79).

> **Gut zu merken**
>
> Jedes Verhalten hat Mitteilungscharakter und wird durch das Gegenüber interpretiert.

Vertrautheit zwischen den miteinander kommunizierenden Personen führt aufgrund gemeinsamer Erfahrungen und Wissensbestände dazu, dass innerhalb der Kommunikation viele Nachrichten nicht explizit gemacht werden müssen. Dies gilt auch für soziale Gruppen, die oftmals eigene Sprachcodes verwenden, die für Außenstehende nicht oder nur eingeschränkt verständlich sind (vgl. Hartung & Kosfelder 2019, 80). Da für die Beziehungsgestaltung Kommunikation von hohem Interesse ist, gibt es zahlreiche Kommunikationsmodelle, die in der Sozialen Arbeit rezipiert werden (s. Exkurs: Kommunikationsmodelle).

Exkurs: Kommunikationsmodelle

In der Literatur findet man verschiedene Modelle, die sich mit Kommunikation befassen und mit verschiedenen Schwerpunkten sowie aus unterschiedlichen Perspektiven die Kommunikation beleuchten. Viele der Modelle nutzen Analogien aus der Nachrichtentechnik wie bspw. Sender*in und Empfänger*in oder Codierung und Decodierung. Es wird davon ausgegangen, dass eine erfolgreiche Kommunikation gemeinsame Wissensbestände und Bedeutungsnuancen erfordert, damit die Nachrichten inhaltlich passend interpretiert werden können (vgl. Hartung & Kosfelder 2019, 79 f.).

Ein für die Beziehungsgestaltung besonders relevantes Kommunikationsmodell ist das Modell der Fünf Axiome nach Watzlawick et al., wobei Axiome als Grundregeln zu verstehen sind. Das wohl bekannteste Axiom lautet: ›Man kann nicht nicht kommunizieren‹, womit gemeint ist, dass Menschen durchgehend durch ihr Verhalten eine kommunikative Botschaft senden, die vom Gegenüber interpretiert wird (weiterführend Watzlawick, Beavin & Jackson 2017). Paul Watzlawick, Janet Beavin und Don Jackson richten mittels der Fünf Axiome der Metakommunikation den Blick weg von einer isolierten Betrachtung der Kommunikation auf Individualebene hin zu einem Blick auf die zwischenmenschlichen Beziehungen (vgl. Khabyuk 2019, 59). Das Modell bedient sich mathematischer Analogien und führt Beziehung auf verschiedene Variablen zurück. »Die Autoren leiten daraus die subjektive Wirklichkeits- und Beziehungskonstruktion als eine interpretierende Funktion ab, die von unterschiedlichen Sinneseindrücken gespeist wird« (ebd., 60). Beziehung wird dadurch nach Ansicht Watzlawicks et al. durch Kommunikation sichtbar gemacht (vgl. Watzlawick, Beavin & Jackson 2017, 24).

Ein weiteres Kommunikationsmodell, das in der Sozialen Arbeit bedeutsam ist und einen Fokus auf die Beziehung legt, ist das Kommunikationsquadrat zur Konfliktlösung (häufig auch als Vier-Ohren-Modell bezeichnet) nach Friedemann Schulz von Thun (weiterführend Schulz von Thun 2022). Das Modell knüpft an die Ausführungen von Watzlawick hinsichtlich des Fokus auf die Beziehung innerhalb der Kommunikation an und widmet sich der Herausforderung innerhalb der Kommunikation, dass Sender*innen viele Botschaften gleichzeitig senden und Empfänger*innen viele Botschaften gleichzeitig empfangen können (vgl. ebd., 27 ff.). Schulz von Thun spricht auch von den vier Ohren, mit denen Nachrichten gehört werden, und vier Schnäbeln, mit denen Sender*innen ihre Nachrichten formulieren. Die Herausforderung liegt darin, dass die Botschaft beim Gegenüber nicht zwangsläufig so ankommt, wie sie von der sendenden Person gemeint war. Schulz von Thun beschreibt in diesem Zusammenhang vier Seiten oder Ebenen einer Nachricht: Sachebene, Beziehungsebene, Appellebene und Selbstkundgabe-Ebene. Insbesondere die ersten beiden Ebenen beinhalten wichtige Elemente eines der Axiome nach Watzlawick et al. (2017): »Jede Kommunikation hat einen Inhalts- und einen Beziehungsaspekt, derart, dass letzterer den ersteren bestimmt und daher eine

Metakommunikation ist« (Watzlawick, Beavin & Jackson 2017, 64). Mit Sachebene ist eine Informationsweitergabe gemeint, die Beziehungsebene beschreibt das Verhältnis zur anderen Person, die Appellebene versucht, das Gegenüber zu einem Verhalten zu veranlassen und die Selbstkundgabeebene beinhaltet eine Offenbarung über das eigene Empfinden (vgl. Schulz von Thun 2022, 27 ff.). Aufgrund der verschiedenen Interpretationsmöglichkeiten der Nachrichten besteht ein hohes Risiko von Missverständnissen, die die Kommunikation und das gegenseitige Verständnis erschweren können (weiterführend ebd. 2022).

Innerhalb der Kommunikation unterscheidet man grundlegend zwischen sprachlicher (verbaler) und nicht-sprachlicher (nonverbaler) Kommunikation, wobei mit sprachlicher Kommunikation gesprochene und geschriebene Sprache gemeint ist. In der gesprochenen Sprache gibt es eine weitere Kommunikationsmodalität: Die paraverbale Kommunikation. Hierbei handelt es sich um sprach-begleitende Kommunikation. Die nichtsprachliche Kommunikation beinhaltet insbesondere die Körpersprache (vgl. Hartung & Kosfelder 2019, 81).

Gut zu merken

Kommunikation setzt sich aus den drei Modalitäten verbale, nonverbale und paraverbale Kommunikation zusammen.

Diese Modalitäten werden im Folgenden genauer betrachtet und hinsichtlich ihrer Bedeutung für die Beziehungsgestaltung erläutert.

2.1.1 Verbale Kommunikation

Die verbale Kommunikation umfasst verschiedene Mittel wie Zuhören, Fragen stellen, Erklären sowie Humor. Zuhören ist eine der elementarsten Fähigkeit für Fachkräfte in der Sozialen Arbeit, da Zuhören durch das Bekunden von Interesse, das Signalisieren von Aufmerksamkeit und die zugeneigte und wertschätzende Haltung gegenüber der anderen Person eine gelingende Beziehung erst ermöglicht. Hierbei ist Hören von Zuhören zu unterscheiden, da Zuhören Ressourcen wie Aufmerksamkeit beansprucht und ein aktiver Prozess ist (vgl. Röhner & Schütz 2020, 119 ff.). Was zunächst einfach klingt, ist ein komplexes Geschehen, in dem die Zurückhaltung der Fachkraft Raum gibt für ein Sich-Öffnen und Sich-Einlassen der Klient*innen, um sich preiszugeben und dabei Fähigkeiten und Lösungen selbst entdecken zu können (vgl. Bamberger 2022, 59).

Das aktive Zuhören nach Carl Rogers ist ein Werkzeug innerhalb der Gesprächsführung, mit dem man sowohl verbal (z. B. durch Nachfragen, Zusammenfassen, Paraphrasieren) als auch nonverbal (z. B. durch Nicken und Blickkontakt) dem Gegenüber signalisiert, mit voller Aufmerksamkeit zuzuhören (vgl. Röhner & Schütz 2020, 122). Zuhören wird häufig in Kombination mit Fragen eingesetzt, wodurch Gespräche lebendig und zielgerichtet gestaltet werden können (vgl. Bamberger 2022, 60). Diese Fragen können mit sehr unterschiedlichen Intentionen eingesetzt werden, sie dienen aber immer dazu, ein Gespräch zu strukturieren. Weiterhin sind die Gewinnung von Informationen, das Wecken von Interesse für bestimmte Themen, die Interessensbekundung an der Person sowie die Ermutigung zur Fortsetzung des Gesprächs mögliche Intentionen, mit denen Fragen eingesetzt werden (vgl. Röhner & Schütz 2020, 123). In Hinblick auf die Beziehungsgestaltung ermöglicht der Einsatz von Fragen Kontakt herzustellen und zu gestalten sowie Gesprächen Tiefe zu verleihen (vgl. Patrzek & Scholer 2022, 20). Weitere Ziele beim Einsatz von Fragen sind Klärung, Fokussierung, Ausblick, Selbstwertstärkung, Lösungsorientierung und Selbstinstruktion (vgl. Bamberger 2022, 60 f.). Das Stellen hilfreicher Fragen kann somit als wichtige Schlüsselkompetenz der Fachkräfte angesehen werden (vgl. Widulle 2020, 112).

> **Gut zu merken**
>
> Fragen sind eines der wichtigsten Werkzeuge innerhalb der verbalen Kommunikation und erfüllen viele Funktionen im Gespräch.

Eine grundlegende Unterscheidung erfolgt zwischen offenen Fragen (oft als W-Fragen bezeichnet) und geschlossenen Fragen. Offene Fragen werden in der Regel eingesetzt, um eine Exploration zu ermöglichen und das Gegenüber im Redefluss zu bestärken. Dies ist zeitintensiv und kann dazu führen, dass im Gespräch auch irrelevante Informationen gegeben werden (vgl. Röhner & Schütz 2020, 124). Gleichzeitig ist diese Art der Fragen sehr beziehungsfördernd, da offene Fragen aufrichtiges Interesse an den Sichtweisen und dem Erleben der Person bekunden. Hingegen sind geschlossene Fragen in der Regel Ja-Nein-Fragen oder Entscheidungsfragen. Diese dienen insbesondere einer gezielten Informationsgewinnung und Konkretisierung und sind zeiteffizient einsetzbar, haben aber wenig Potential, Beziehung aufzubauen und zu befördern. In diesem Zusammenhang werden geschlossene Fragen oftmals als Kommunikationsbarriere und damit als hinderlich für die Beziehung benannt, da sie wenig Raum für Erzählungen der Beteiligten geben (vgl. Widulle 2020, 112).

Praxistipp!

Es ist sehr hilfreich, sich im Gespräch immer wieder bewusst zu machen, mit welchem Auftrag und welcher Zielsetzung die Beziehung zum Gegenüber gestaltet wird. So können passende Interventionen im Gespräch ausgewählt werden und adäquate Fragen zum Einsatz kommen.

Wichtig ist zu beachten, dass die Frage-Art Einfluss darauf nimmt, wie sich das Gespräch entwickelt, da die Antworten durch die Art der Frage beeinflusst werden (vgl. Röhner & Schütz 2020, 124) und es Fragearten gibt, die sich eher beziehungshinderlich als -förderlich auswirken wie bspw. Suggestivfragen, rhetorische Fragen, Warum- und Ursachen-Fragen (s. Exkurs: Fragetechniken).

Exkurs: Fragetechniken

Ein wichtiges Ziel beim Einsatz von Fragen besteht in der Steuerung, Lenkung und Fortführung des Gesprächs sowie in der Herstellung und

Gestaltung des Kontakts und der Beziehung. Nach dem systemischen Ansatz dienen sie außerdem dazu, Problemkonstruktionen der Klient*innen auf der Suche nach Lösungen und neuen Perspektiven in Frage zu stellen (vgl. Willemse & von Ameln 2018, 145). Fragen können problemfokussiert (Beispiel: »Wodurch ist Ihr Problem entstanden?«) oder lösungsorientiert (Beispiel: »Welche Veränderung wünschen Sie sich?«) sein. Neben der oben beschriebenen Unterscheidung zwischen offenen und geschlossenen Fragen werden außerdem eine Vielzahl an Fragetechniken unterschieden, die mit verschiedenen Ziel- und Schwerpunktsetzungen zum Einsatz kommen. Einige Beispiele sind zirkuläre Fragen, Wunderfragen, hypothetische Fragen, Skalierungsfragen sowie Fragen nach Ausnahmen (weiterführend Patrzek & Scholer 2022). Diese Fragetechniken werden häufig im Zusammenhang mit der Systemischen Gesprächsführung und Beratung benannt (vgl. Patrzek 2021, 21) und werden im Folgenden weiter ausgeführt.

Zirkuläre Fragen »sind das Herzstück des systemischen Fragens, da sie die Sichtweisen – im erweiterten Sinne also die Realitäten – anderer Personen oder Personengruppen einbeziehen« (ebd., 24). Hier ein Beispiel: »Wenn ich Ihr Kind fragen würde, was sich bei Ihnen zu Hause ändern muss, was würde es mir wohl sagen?« Durch die Frage nach der vermuteten Perspektive anderer Personen werden Klient*innen eingeladen, sich in andere hineinzuversetzen und dadurch zusätzliche und neue Sichtweisen in die eigenen Überlegungen und Gedanken mit einzubeziehen. Dadurch wird eine Außenperspektive ermöglicht und festgefahrenes Problemdenken kann zugunsten neuer Betrachtungen und Lösungen verändert werden (vgl. ebd., 24ff.; Willemse & von Ameln 2018, 146f.).

Die *Wunderfrage* entstammt der lösungsorientierten Kurzzeittherapie nach Steve de Shazer (weiterführend De Shazer 2015; 2017) und dient dazu, die Vorstellung einer Lösung aus Klient*innensicht zu begreifen (vgl. Barthelmess 2014, 140). Ein Beispiel: »Stellen Sie sich vor, heute Nacht geschieht ein Wunder und Ihr Problem hat sich gelöst. Woran würden Sie das morgen früh merken?« Wichtig ist folglich, dass der Blick bei der Wunderfrage immer auf mögliche Lösungen gerichtet wird, statt auf Hindernisse, die einer Lösung im Wege stehen (vgl. Patrzek 2021, 54, Willemse & von Ameln 2018, 148).

Die Wunderfrage stellt eine besondere Form der hypothetischen Fragen dar. Diese haben das Ziel, ein Gedankenexperiment zu vollziehen und dadurch ein fiktives Ereignis in Verbindung mit einer möglichen Reaktion in den Blick zu nehmen. Das erdachte Ereignis sowie die möglichen Folgen können sich dabei jeweils auf die Vergangenheit oder Gegenwart beziehen (vgl. Patrzek 2021, 21 f.), z. B.: »Angenommen, Sie hätten damals schon die Erfahrung gehabt, die Sie heute haben: Wie hätten Sie Ihre Entscheidung bezüglich der Berufswahl dann getroffen?«

Skalierungsfragen werden auch als skalierende Fragen bezeichnet und haben das Ziel, Unterschiede wie z. B. Veränderungen oder Fortschritte der Klient*innen sichtbar und thematisierbar zu machen sowie Ausprägungen von Unterschieden zu benennen und zu relativieren. Es können hierbei innere Zustände (wie z. B. Gefühle) und äußere Zustände skaliert werden (vgl. ebd., 30). Ein Beispiel: »Wie zuversichtlich sind Sie, dass Sie die erarbeiteten Strategien bis zum nächsten Gespräch erproben werden auf einer Skala von 1, ganz wenig zuversichtlich, bis 10, maximal zuversichtlich?«

Fragen nach Ausnahmen dienen dazu aufzuzeigen, dass Probleme nicht statisch und unveränderbar sind, obwohl sie in der Problemsituation von den Betroffenen oftmals so wahrgenommen werden. Vielmehr bietet die Ausnahme einen Anhaltspunkt dafür, durch welche Veränderungen eine Verbesserung der Situation erreicht werden kann (vgl. ebd., 55). Zum Beispiel kann gefragt werden: »In welcher Situation tritt das Problem weniger auf und was ist in dieser Situation anders?« Dieser kurze Auszug der Einsatzmöglichkeiten verschiedener Fragetechniken verdeutlicht, dass Fragen ein sehr machtvolles und hilfreiches Mittel darstellen, Gespräche zu steuern und zu lenken und damit Beziehung zu gestalten.

Die Art und Weise, Fragen im Gespräch einzusetzen und damit Beziehung zu gestalten, muss dringend der Situation, dem Setting, dem Auftrag sowie den Klient*innen angepasst werden. Nicht für alle Menschen sind sämtliche Fragetechniken zu jedem Zeitpunkt geeignet. So können bspw. Kinder durch sehr offene Fragen überfordert werden oder Menschen in Krisen sich noch weniger als selbstwirksam erleben, wenn sie nicht in der Lage sind, sofort Antworten auf stark ressourcen- und lösungsorientierte Fragen zu finden.

Praxisbeispiel

Eine Fachkraft spricht mit einem achtjährigen Kind in einem offenen Jugendtreff.

Fachkraft:	»Hey, schön, dass du wieder da bist. Bist du schon lange hier?«
Kind:	»Nee, nicht so lange.«
Fachkraft:	»Wann bist du denn gekommen?«
Kind:	»Hm, so gegen 15 Uhr.«
Fachkraft:	»Bist du denn im Moment mehrmals pro Woche hier?«
Kind:	»Ja, meistens so zweimal.«
Fachkraft:	»Und, wie gefällt es dir hier bei uns?«
Kind:	»Ganz gut.«
Fachkraft:	»Was machst du denn hier am liebsten?«
Kind:	»Kickern, aber ich spiele auch gerne Fußball oder höre mit den anderen Musik.«

Hier nutzt die Fachkraft zunächst geschlossene Fragen, um den Kontakt zu dem Kind herzustellen. Gerade bei Kindern kann es hilfreich sein, Fragen einzusetzen, bei denen kurze Antworten ausreichend sind oder einfache Entscheidungsfragen beantwortet werden können. Im Gesprächsverlauf setzt die Fachkraft vermehrt offene Fragen ein, um mehr über das Empfinden und Erleben des Kindes zu erfahren. Hier würden geschlossene Fragen schnell suggestiv wirken und dem Kind den Eindruck vermitteln, dass eine bestimmte Antwort erwartet wird (z. B. »Und, findest du es schön hier bei uns?«).

Als letzter Aspekt der verbalen Kommunikation soll in diesem Rahmen der *Humor* betrachtet werden. Humor bewegt sich häufig im Grenzbereich aus verbaler, nonverbaler und paraverbaler Kommunikation. Humorvolle Menschen sind in der Regel beliebter (vgl. Sprecher & Regan 2002) und bewegen sich oftmals einfacher in sozialen Beziehungen und Interaktionen als humorlose Menschen. Umgangssprachlich wird Humor daher oft als soziales Schmiermittel bezeichnet (vgl. Röhner & Schütz 2020, 135).

> **Praxistipp!**
>
> Die verbale Kommunikation sollte unbedingt dem Gegenüber angepasst werden, damit sich die beteiligte Person in der Beziehung wohlfühlt und sich öffnen kann. Hierzu ist der Einsatz passender Gesprächs- und Fragetechniken besonders hilfreich.

2.1.2 Paraverbale Kommunikation

Paraverbale Kommunikation wird in der Literatur unterschiedlich definiert und die Zuordnung verschiedener kommunikativer Elemente zur Verbal-, Paraverbal- und Nonverbal-Kommunikation ist nicht einheitlich. Im Zuge dieser Ausführungen werden unter paraverbaler Kommunikation alle sprachbegleitenden kommunikativen Elemente wie Lachen, Stimmlage, Lautstärke, Tonfall und Tempo des Gesprochenen verstanden.

Lachen hat unterschiedliche Funktionen jenseits des Ausdrucks der Belustigung. Eine dieser Funktionen besteht darin, Beziehung aufzubauen und aufrechtzuerhalten. Studien zeigen, dass Menschen in Gesprächen mit unbekannten Personen im Schnitt genauso oft lachen wie in Gesprächen mit vertrauten Personen (Grammer 1990; Vettin & Todt 2004). Dies unterstreicht die wichtige Funktion des Lachens für die Beziehungsgestaltung. Lachen wird bspw. eingesetzt, um das Gesagte abzumildern und anzupassen, wenn das Gegenüber nicht die erwartete Reaktion zeigt (vgl. Röhner & Schütz 2020, 133).

> **Praxisbeispiel**
>
> Eine Fachkraft in der klinischen Sozialarbeit im Krankenhaus bereitet sich auf ein anstehendes Beratungsgespräch vor. Eine Patientin, die bisher trotz hohen Alters selbständig in ihrer Wohnung leben konnte, ist aufgrund eines Oberschenkelhalsbruchs in der Klinik und soll in den

kommenden Tagen entlassen werden. Es erfolgt eine Anschlussrehabilitation, fest steht aber jetzt schon, dass die Frau nach der Reha nicht mehr allein in ihrer Wohnung leben kann, da diese im dritten Stock liegt und nicht barrierefrei ist. Die Patientin ist bislang nicht einsichtig, dass die Wohnsituation angepasst werden muss und verweist darauf, dass die Fachkraft das mit ihrem Sohn klären solle. Daher hat die Fachkraft die Angehörigen (Sohn und Schwiegertochter) zur Beratung eingeladen, um das mögliche weitere Vorgehen zu besprechen. Als sie im Gespräch den Angehörigen die Nachricht überbringt, dass die Mutter voraussichtlich nicht mehr in die Wohnung zurückkann, reagiert der Sohn geschockt und berichtet, dass es für die Mutter unvorstellbar sei umzuziehen. Die Fachkraft lacht kurz und antwortet dann, dass sie nachvollziehen könne, dass die Situation sehr schwierig sei und man nun schauen müsste, wie eine gute Lösung aussehen könne. Im Gesprächsverlauf zeigt sich der Sohn wenig verständnisvoll und sieht die Verantwortung bei der Fachkraft, sich darum zu kümmern, dass die Mutter mit baulichen Veränderungen weiterhin in der Wohnung leben kann. Die Fachkraft reagiert mit der Aussage: »Naja, ich kann Ihnen keinen Aufzug bauen«. Als sie merkt, dass er ihren Scherz nicht humorvoll auffasst, lacht sie, um zu signalisieren, dass die Bemerkung das ernste Gespräch etwas auflockern sollte.

Anhand dieses Beispiels wird klar, dass das Lachen hier zur Abmilderung und aus Unsicherheit eingesetzt wird, nicht aber, weil die Situation lustig wäre. Wie das Lachen haben auch Sprechtempo, Lautstärke, Stimmhöhe und Tonfall Auswirkungen darauf, wie das Gesagte interpretiert wird. Dies fällt insbesondere dann auf, wenn Kommunikation wie im Schriftlichen ohne die paraverbalen Anteile auskommen muss, wodurch häufiger Missverständnisse und Fehlinterpretationen entstehen. Daher übernimmt die paraverbale Kommunikation eine wichtige Funktion im Entstehen von Verstehen und Verständnis. Hinzu kommt, dass die paraverbale Kommunikation den Fachkräften im Kontakt wichtige Anhaltspunkte bietet, um auf das Gegenüber einzugehen und damit beziehungsförderlich zu agieren.

Gut zu merken

 Paraverbale Kommunikation unterstützt insbesondere die Interpretation des Gesagten.

Praxisbeispiel

Das Telefon der Fachkraft klingelt. Es ist eine Klientin am Telefon, die die Fachkraft durch ihre Tätigkeit in einem Stadtteilbüro bereits kennt. Die Klientin meldet sich, klingt aufgeregt und abgehetzt, kurzatmig und spricht mit sehr hoher Stimme: »Guten Morgen, gut, dass ich Sie erreiche, ich brauche unbedingt Ihre Hilfe, es geht gerade alles drunter und drüber!« Bei den letzten Worten wird ihre Stimme laut und fast schrill. Die Sozialarbeiterin antwortet: »Oh, Sie sind aber richtig aufgeregt. Das klingt, als ob Sie ganz dringend Unterstützung brauchen. Haben Sie gleich Zeit, einmal im Büro vorbeizukommen? Dann können wir in Ruhe besprechen, was genau passiert ist.« Die Klientin klingt erleichtert, atmet tief aus, die Stimme wird etwas ruhiger und sie spricht den nächsten Satz langsamer: »Ja, vielen Dank, ich mache mich gleich auf den Weg. Gut, dass ich Sie erreicht habe. Bis gleich!«

Hier wird deutlich, wie viele wichtige Zeichen die paraverbale Kommunikation sendet, die der Fachkraft eine schnelle Orientierung im Gespräch ermöglicht und die Dringlichkeit erkennen lässt. Dadurch hat sie die Möglichkeit, adäquat und verständnisvoll zu reagieren. In diesem Beispiel spricht sie den wahrgenommenen Gefühlszustand auf Metaebene (»Sie sind aber richtig aufgeregt«) an. Neben dieser Reaktion ist es außerdem möglich, die paraverbale Kommunikation in Ansätzen aufzugreifen und ihre Stimmlage und Sprechgeschwindigkeit zunächst anzunähern (Pacing), um dann in der Folge durch eine Reduktion des Sprechtempos, Senken der Stimme und ruhiges Atmen beruhigend auf die Klientin einwirken zu können (Leading, ▶ Kap. 2.2.2).

> **Praxistipp!**
>
> Auf die eigene paraverbale Kommunikation zu achten, stellt eine gute Sensibilisierungshilfe dar, um in späteren Gesprächen paraverbale Gesprächsanteile leichter erkennen und entschlüsseln zu können. Auch Übungen zum Pacing und Leading paraverbaler Kommunikationsanteile unterstützen einen bewussten Einsatz der Paraverbalsprache im Sinne einer gelingenden Beziehung.

2.1.3 Nonverbale Kommunikation

»Wir sprechen mit unseren Stimmorganen, aber wir unterhalten uns mit unserem ganzen Körper« (Abercrombie 1968).

Die nonverbale Kommunikation umfasst die Mitteilungen, die ohne Sprache vermittelt werden. Sie sind eher ganzheitlich zu begreifen und transportieren insbesondere Gefühle, Bewertungen und Beziehungsaspekte (vgl. Hartung & Kosfelder 2019, 81). Dadurch helfen nonverbale Nachrichtenanteile dabei, die Verbalkommunikation zu interpretieren, indem sie implizite Mitteilungen übermitteln (vgl. Schulz von Thun 2022, 37 f.).

Praxisbeispiel

In der OGS einer Gesamtschule arbeiteten zwei Sozialarbeiter*innen. Sie unterhalten sich in der Mittagspause über ein Kind, das aktuell durch extrem störendes Verhalten und vielfach durch Prahlerei auffällt. Während eines Gruppenangebots äußert der zuvor im Gespräch zwischen den Fachkräften thematisierte Junge: »Mein Vater ist Pilot. Er fliegt die richtig großen Flugzeuge und hat schon die ganze Welt gesehen. Ich kenne alle Flugzeugtypen, die kann ich im Schlaf aufzählen.« Die beiden Sozialarbeiter*innen nehmen Blickkontakt zueinander auf, der Kollege hebt dabei die Augenbraue.

Die Fachkräfte verständigen sich in diesem Fall ohne Worte. Durch die nonverbalen Signale können sie in diesem Moment gegenseitiges Einvernehmen ausdrücken, ohne in verbalen Austausch gehen zu müssen. Wichtig bei der Interpretation der nonverbalen Anteile ist dabei eine Unterscheidung zwischen emotionalen Zuständen und interpersonalen Einstellungen, die nonverbal geäußert werden. Diese können zwar miteinander einhergehen, bspw. das Gefühl des Ärgers in Kombination mit der negativen Einstellung gegenüber einer Person. Emotionale Zustände sind aber nicht generell auf andere Personen gerichtet (vgl. Argyle 2013, 96).

> **Praxistipp!**
>
> Da es in der Interpretation von nonverbaler Kommunikation zu Missverständnissen kommen kann, bietet es sich bei Unsicherheit und Irritation an, auf verbaler Ebene Unklarheiten zu thematisieren. Auch ein Bewusstsein für die Macht der nichtsprachlichen Ausdrucksformen innerhalb der Kommunikation ist hilfreich, um das eigene Verhalten zeitweise bewusst zu reflektieren und dieses dadurch gezielter für die Beziehungsgestaltung einsetzen zu können.

In der Alltagssprache wird nonverbale Kommunikation häufig gleichbedeutend mit Körpersprache verwendet. Körpersprache ist aber nur ein Aspekt der nonverbalen Kommunikation (vgl. Röhner & Schütz 2020, 98). Weitere Ausdrucksfelder sind insbesondere Gesicht, Augen, Gestik, Körperhaltung und Tonfall (vgl. Argyle 2013, 97). »Das Gesicht ist das ausdrucksstärkste Kommunikationsmittel, um Emotionen auszudrücken« (ebd.), und spielt dadurch in sozialen Interaktionen eine wesentliche Rolle. Der Gesichtsausdruck ist entscheidend für die Wahrnehmung des Gegenübers und bestimmt bspw., ob man einer Person Vertrauen entgegenbringt oder ihr glaubt (vgl. vgl. Röhner & Schütz 2020, 106).

Innerhalb der Beziehungsgestaltung spielt das Blickverhalten (auch Blickkontakt genannt) eine besonders wichtige Rolle. Es ist gleichzeitig Signal (bspw. indem durch Blickkontakt Interesse an der Person bekundet oder Interaktion initiiert wird) und Kanal (um das Verhalten des Gegenübers über die Augen wahrzunehmen). Hierbei sind die Häufigkeit und Dauer des Blickkontakts relevant (vgl. Argyle 2013, 194). Zu unterscheiden sind Augenkontakt (als einseitiges Anschauen) und Blickkontakt (als wechselseitiger Augenkontakt; vgl. Röhner & Schütz 2020, 105). Das Blickverhalten ist persönlichkeits- sowie situationsabhängig und wird durch das Gesprächsthema beeinflusst (vgl. Argyle 2013, 202). Neben dem Blickverhalten wird die Körpersprache in der Literatur oftmals als wichtiges Gestaltungselement innerhalb der Kommunikation beschrieben. Die Körperhaltung wird häufig über den Entspannungsgrad definiert (vgl. Röhner & Schütz 2020, 104) und ist Ausdruck des emotionalen Befindens (vgl. Bruno & Adamczyk 2015, 20), gleichzeitig kann durch Veränderung der Körperhaltung bewusst Einfluss auf das emotionale Befinden genommen werden (vgl. Matschnig 2012, 14f.). In diesem Zusammenhang sind die Begriffe Power Posing (die nonverbale Darstellung von Macht) und Embodiment (die Wechselbeziehung zwischen körperlichen und psychologischen Prozessen) zu nennen. Im Zusammenspiel mit der Körperhaltung ist Proxemik ein wichtiger Begriff. Hierunter fallen der persönliche Raum, die interpersonelle Distanz (▶ Kap. 2.2.3), die Territorialität sowie die Sitzanordnung (vgl. Röhner & Schütz 2020, 104ff.), die in der Gestaltung der Beziehung Beachtung finden sollten.

Grundsätzlich ist es wichtig, keine Überinterpretation der nonverbalen Kommunikation vorzunehmen, insbesondere da diese individuell ist und allgemeine Ableitungen und Deutungen daher kritisch zu sehen sind (vgl. Franck 2017, 247ff.). Vielmehr geht es darum, als Fachkraft ein Bewusstsein für die eigene nonverbale Kommunikation zu entwickeln und diese im Sinne der gelingenden Beziehungsgestaltung einzusetzen sowie die nichtsprachlichen Signale des Gegenübers aufmerksam aufzunehmen und bei Bedarf anzusprechen, um eine passende Interpretation der nonverbalen Kommunikation vornehmen zu können.

Gut zu merken

Nonverbale Kommunikation ist individuell und kann beziehungsförderlich eingesetzt werden, um ein gegenseitiges Verständnis zu fördern.

2.1.4 Die Bedeutung der Kommunikation für die Beziehungsgestaltung

Verbale, paraverbale und nonverbale Kommunikation stehen nicht isoliert, sondern werden zumeist in Verbindung miteinander eingesetzt. Hierbei können sich die Modalitäten ergänzen, indem bspw. das Gesagte durch Körpersprache wie Gesten betont oder ergänzt wird, es kann aber auch zu Widersprüchlichkeiten kommen, wenn bspw. Gesagtes und Körpersprache nicht zusammenpassen (vgl. Schulz von Thun 2022, 39 ff.). Diese fehlende Passung wird auch als Inkongruenz der Nachricht (vgl. Khabyuk 2019, 75) oder Double-Bind-Problem bezeichnet, da für die empfangende Person unklar ist, welche Modalität innerhalb der Kommunikation stärker gewichtet werden soll. Kommt es zu Inkongruenzen, wird in den meisten Fällen die nonverbale Kommunikation stärker gewichtet als die Verbalkommunikation (vgl. Röhner & Schütz 2020, 90 f.).

Gut zu merken

Bei Diskrepanzen in den Kommunikationsmodalitäten wird die nonverbale Kommunikation häufig stärker zur Interpretation der Nachricht gewichtet als die verbale Kommunikation.

Praxisbeispiel

Die Fachkraft des Pflegekinderdiensts sitzt einem Ehepaar gegenüber, das mit dem Gedanken spielt, sich als Pflegeeltern zu engagieren. Nach einigen Gesprächen und einer Schulung der Eltern geht es heute abschließend um die Entscheidung, ob sie diesen Weg fortsetzen und bei Bedarf ein Kind in Pflegschaft nehmen möchten. Auf die Frage der Fachkraft, wie es ihnen denn nun mit dem Thema gehe und welche Fragen vielleicht noch zu klären seien, sagt der Mann: »Ich bin mir zu 100 Prozent sicher, wir wollen das unbedingt machen!« Dabei sitzt er aufrecht und verstärkt das Gesagte mit einer Geste, indem er bei dem Wort »machen« in die Hände klatscht. Seine Frau sitzt auf dem Stuhl zurückgelehnt und rutscht etwas unruhig hin und her. Nach einer kurzen Pause sagt sie: »Ja, ich sehe das genauso wie mein Mann.« Dabei schaut sie Richtung Tür, ihre Stimme ist leise, das letzte Wort des Satzes verschluckt sie fast.

Obwohl sprachlich eine fast identische Aussage getätigt wird, transportieren beide Ehepartner*innen unterschiedliche Nachrichten. Nimmt die Fachkraft eine Inkongruenz zwischen verbaler und nonverbaler Kommunikation wahr, ist es hilfreich, diese zu thematisieren bzw. im weiteren Verlauf des Gesprächs ein Empfinden dafür zu entwickeln, welche Ursache die Diskrepanzen haben. In diesem Praxisbeispiel könnte das bspw. bedeuten, dass die Fachkraft die Inkongruenz zwischen Verbalsprache und Paraverbal- sowie Körpersprache der Frau anspricht: »Sie wirken etwas zögernd, während Sie das sagen. Was lässt Sie zögern?« Dadurch hat die Fachkraft Gelegenheit, mit ihrem Gegenüber Unstimmigkeiten in der Kommunikation aufzuklären und die Klientin dabei zu begleiten, eine Selbstklärung vorzunehmen. Häufig sind den Beteiligten die Diskrepanzen nicht bewusst, sondern entstehen aufgrund einer inneren Unentschiedenheit (auch als gedankliche Inkonsistenz bezeichnet) der sendenden Person (vgl. Khabyuk 2019, 75).

Praxistipp!

Diskrepanzen in den Kommunikationsmodalitäten sollten bei Bedarf von der Fachkraft thematisiert werden, um Missverständnisse zu reduzieren und Klärungsprozesse zu fördern.

Was im letzten Abschnitt dargestellt wurde, wird als Metakommunikation bezeichnet (▶ Kap. 2.1.5).

2.1.5 Metakommunikation

Metakommunikation ist die Kommunikation über die Kommunikation und beschreibt damit die Fähigkeit, sich aus der Gesprächssituation hinauszubewegen, um das Miteinander im Gespräch zum Thema zu machen (vgl. Bielecke 2017, 182) und ein besseres Verstehen zu ermöglichen (vgl. Mennemann & Dummann 2018, 192):

»Fachkräfte Sozialer Arbeit arbeiten vor allem mit Kommunikation, die an ihre Person gebunden ist. Je stärker sie in der Lage sind, unterschiedliche Bedeutungstiefen von Botschaften zu erkennen und diese in einer Metakommunikation, einer Betrachtung der Kommunikation, verstehend zur Sprache zu bringen, desto höher ist die Wahrscheinlichkeit sowohl zu gelingender Kommunikation und zum Verstehen als auch zum Aufbau von Bewusstseins- und Handlungsformen beitragen zu können« (ebd., 193).

Sinnbildlich betrachtet man die Kommunikation aus der Vogelperspektive und hat dadurch auf diese einen Blick von außen. Watzlawick, Beavin und Jackson (2017) formulieren Metakommunikation wie folgt: »Jede Kommunikation hat einen Inhalts- und einen Beziehungsaspekt, derart, dass letzterer den ersteren bestimmt und daher eine Metakommunikation ist« (ebd., 64). Anhand dieser Formulierung wird deutlich, dass Metakommunikation durchgängig stattfindet, sobald kommuniziert wird. Diese eher gesprächsbegleitende Form der Metakommunikation kann unterschieden werden von dem gezielten Wechsel der Fachkraft auf die Metaebene, um die Kommunikation und Beziehung verbal zu thematisieren. Ziel der Metakommunikation ist es, Irritationen und Konflikte zu reduzieren und eine gute Kommunikations- und Gesprächsebene zu entwickeln (vgl. Franck 2017, 200).

> **Gut zu merken**
>
> Metakommunikation fördert eine gelingende Kommunikation und Beziehung durch Hinaustreten aus dem Gesprächsinhalt und Thematisierung des Miteinanders.

Vielfach findet man Metakommunikation im Kontext von Konfliktmanagement und krisenhaften Gesprächssituationen. Metakommunikation hat darüber hinaus eine konfliktpräventive Komponente, da Missverständnisse frühzeitig erkannt und ausgeräumt werden können, bevor ein negativer Einfluss auf die Gesprächssituation oder die Beziehung entsteht (vgl. Bielecke 2017, 182). Diese Form der Kommunikation über das Miteinander bezieht sich häufig auf die Beziehung und deren Gestaltung. Hierzu kann bspw. eine Rollen- und Erwartungsklärung gehören oder auch das Gespräch über Bedürfnisse innerhalb der professionellen Beziehung (vgl. Best 2020a, 266 f.). Dazu kann es hilfreich sein, Beziehungsbedürfnisse der Klient*innen anzusprechen, um gegenseitige Wünsche und Erwartungen an die professionelle Beziehung abzuklären und Enttäuschungen vorzubeugen (vgl. ebd., 278; s. Exkurs: Bedürfnistheorien).

Exkurs: Bedürfnistheorien

»Bedürfnisse hat man, und zwar unabhängig davon, ob man sich ihrer bewusst ist oder nicht, ob man sie in Sprache fassen kann, haben will oder nicht, ob man sie gut oder schlecht findet« (Staub-Bernasconi 2019, 290). Bedürfnisse sind für das Überleben, Wachstum und Wohlbefinden notwendige Prozesse. Grundlegend unterscheidet man zwischen physiologischen, sozialen und psychologischen Bedürfnissen. Physiologische Bedürfnisse betreffen körperliche Ressourcen. Hierzu gehören bspw. Hunger und Durst. Psychologische Bedürfnisse sind bspw. jene nach Selbstbestimmung und Kompetenz. Die für die Beziehungsgestaltung am unmittelbarsten relevanten Bedürfnisse sind die sozialen Bedürfnisse wie bspw. nach Beziehung zur sozialen Umwelt, Bindung und Leistung (vgl. Hess 2018, 28). Gleichzeitig sind auch physiologische und psychologische Bedürfnisse für die professionelle Beziehungsgestaltung von Bedeutung. Die Einschränkung der eigenen Autonomie oder ein Mangel an Versorgung grundlegender körperlicher Bedürfnisse wie Hunger sind Beispiele für mögliche negative Einflussnahmen eines Bedürfnismangels auf die Beziehung. Menschen als soziale Wesen entwickeln aus ihrer sozialen Abhängigkeit heraus Bedürfnisse nach Zugehörigkeit, nach Umgang miteinander und nach sozialem Status (vgl. Methfessel & Schöler 2020, 5).

Ein bekanntes Modell zur Darstellung der Bedürfnisse ist das Modell der fünf Bedürfnisstufen (auch Bedürfnishierarchie oder Bedürfnispyramide genannt) nach Abraham H. Maslow. Dieser arbeitete eng mit Carl Rogers zusammen und prägte den Ansatz der humanistischen Psychologie maßgeblich mit. Er untersuchte den Aufbau menschlicher Grundbedürfnisse und beschrieb eine Unterteilung in fünf Ebenen:

physiologische Grundbedürfnisse, Sicherheitsbedürfnisse, soziale Bedürfnisse (von Maslow als Bedürfnis nach Zugehörigkeit und Liebe bezeichnet), Wertschätzungsbedürfnisse (von Maslow als Bedürfnisse nach Achtung benannt) und Selbstverwirklichung (vgl. Maslow 1978, 49 ff.). Im Folgenden werden soziale Bedürfnisse aufgrund ihrer zentralen Relevanz für die Beziehungsgestaltung differenzierter betrachtet. Diese sind individuell unterschiedlich stark angelegt und abhängig von den Motiven der Person. Diese Motive können implizit oder explizit sein und führen je nachdem zu eher spontanem Verhalten (implizite Motive) oder zu vorhersagbarem Verhalten in Wahlsituationen (explizite Motive). Weiterhin wird das Streben nach guter Leistung den sozialen Bedürfnissen zugeschrieben, wobei sowohl das Ziel des Erfolgs als auch die Vermeidung von Misserfolg maßgeblich sein können (vgl. Hess 2018, 37 ff.). Ein außerdem für Menschen grundlegendes soziales Bedürfnis ist das Bedürfnis nach sozialem Anschluss, also u. a. der Wunsch, in friedlichen Interaktionen mit anderen Menschen zu stehen und zugehörig zu sein (vgl. ebd., 48 ff.). Eng mit dem Leistungsmotiv und dem Anschlussmotiv verbunden ist das Bedürfnis nach Macht und Dominanz. Macht meint hier im Wesentlichen das Durchsetzen eigener Interessen, während Dominanz stärker durch das Ausüben von Kontrolle charakterisiert wird (weiterführend Weber 2020).

Innerhalb der Beziehungsgestaltung zu Klient*innen gilt es, ein Bewusstsein und Verständnis für die Bedürfnisse des Gegenübers zu erlangen, insbesondere in Situationen, in denen die Betroffenen selbst Bedürfnisse nicht benennen können, aber ein Mangelzustand auf Bedürfnisebene eine gelingende Beziehungsgestaltung verhindert.

Die Metakommunikation über Beziehungsbedürfnisse ist nicht zwangsläufig gleichzusetzen mit der Erfüllung dieser Bedürfnisse. Sollten Bedürfnisse der Klient*innen nach professioneller Reflexion und aufgrund fachlicher Begründung nicht erfüllt werden können, besteht aber die Möglichkeit, einerseits über die (dann ggf. unerfüllten) Bedürfnisse ins Gespräch zu kommen, gegenseitiges Verständnis für die Bedürfnisse sowie die Gründe des Nichterfüllens zu wecken und als Fachkraft Klient*innen dabei zu unterstützen, die Bedürfnisse an anderer Stelle erfüllen zu können (weiterführend Best 2020a, 279 ff.).

Gut zu merken

Bedürfnisse beim Gegenüber zu erkennen und zu verstehen ist nicht gleichbedeutend mit der Erfüllung dieser Bedürfnisse, ermöglicht aber das Ansprechen von Bedürfnissen und fördert hierdurch Beziehung.

Praxisbeispiel

Eine jugendliche Klientin erhält im Rahmen einer sozialpädagogischen Familienhilfe Unterstützung durch eine Fachkraft, die nur wenige Jahre älter ist als sie selbst. Sie fasst schnell Vertrauen und mag die Fachkraft sehr. Nach einigen Wochen bittet die Klientin die Fachkraft darum, sie duzen zu dürfen. Hier stimmt die Fachkraft zu, da sie den Wunsch der Klientin nicht enttäuschen möchte und sich davon eine positive Beziehung zur ihr erhofft. Dies scheint zunächst zu gelingen. Es entstehen immer intensivere Gespräche, in denen die Klientin ihre Sorgen offenbart. Sie äußert am Ende eines Gesprächs gegenüber der Fachkraft: »Ich weiß gar nicht, was ich ohne dich machen würde. Du bist echt die wichtigste Person für mich im Moment. Ich finde es so cool, dass du immer für mich da bist. Ich würde so gern mal abends ein Bier mit dir trinken gehen.« Die Fachkraft befindet sich nun in einem Dilemma: Einerseits möchte sie die vermeintlich gute Beziehung zur Klientin nicht aufs Spiel setzen, andererseits spürt sie, dass der Beziehungswunsch der Klientin über die professionelle Beziehung hinausgeht und der Wunsch nach einem freundschaftlichen Verhältnis besteht. Nach kurzer Reflexion entscheidet sie, die Beziehung mit der Klientin auf Metaebene zu besprechen und sagt: »Ich kann gut verstehen, dass du dir dringend eine Freundin wünschst, die für dich da ist. Ich bin als Fachkraft auch sehr gerne für dich da, allerdings kann ich nicht dauerhaft für dich da sein, weil ich ja als Sozialpädagogische Familienhilfe mit dir zusammenarbeite, und du weißt ja, dass diese Hilfe irgendwann endet. Ich würde gerne mit dir einmal darüber reden, wie unsere Beziehung aussehen kann, damit es dir damit gut geht und du nicht enttäuscht bist, wenn ich irgendwann nicht mehr da bin. Und wenn du möchtest, lass uns doch mal gemeinsam schauen, was du brauchst, um deinen Wunsch nach einer Freundin zu erfüllen.«

Dieser Auftakt zur Metakommunikation zeigt, dass das Ansprechen nicht erfüllbarer Beziehungsbedürfnisse durchaus anspruchsvoll ist. Oftmals liegt nur ein schmaler Grat zwischen dem Wunsch, authentisch und transparent mit unerfüllbaren Bedürfnissen umzugehen und gleichzeitig eine hohe Feinfühligkeit aufzubringen, um das Gegenüber nicht zu verletzen.

> **Praxistipp!**
>
> Metakommunikation ist ein wichtiger Schlüssel zu einer stabilen Beziehungsgestaltung. Gleichzeitig erfordert das Ansprechen der Kommunikation auf Metaebene etwas Mut und Erfahrung, stellt sich dann aber oftmals als sehr gewinnbringend für die Arbeitsbeziehung heraus.

2.2 Gestaltung der Interaktion

Das Wort Interaktion beinhaltet bereits die Aussage, dass eine Aktion zwischen mehreren Beteiligten stattfindet. Obwohl die Begriffe Interpersonale Kommunikation und Soziale Interaktion in der Sozialpsychologie oftmals gleichbedeutend verwendet werden, unterscheiden sie sich hinsichtlich ihres Fokus: Während der Kommunikationsbegriff die Mitteilung ins Zentrum rückt, zielt der Interaktionsbegriff stärker auf die Einflussnahme und Steuerung der sozialen Situation ab (vgl. Hartung & Kosfelder 2019, 79). Menschen brauchen das Eingebundensein in soziale Kontexte und Interaktionen. Deren Bedeutung offenbart sich in den sozialen Interaktionen, die sich zwischenmenschlich vollziehen (vgl. Kessler & Fritsche 2018, 93). Eine vordergründig vielleicht banale, aber dennoch relevante Erkenntnis aus diesem Wissen ist, dass Beziehungsgestaltung immer

2.2 Gestaltung der Interaktion

als interaktives Geschehen vollzogen wird. Man kann demnach nicht als Fachkraft eine Beziehung zum Gegenüber gestalten, sondern immer mit ihm*ihr gemeinsam. Interaktion bedeutet einen wechselseitigen Prozess des Miteinanders. Hierbei obliegt der Fachkraft die Aufgabe bewusst gestalteter und gesteuerter Interaktionen, während Klient*innen Interaktionen eher intuitiv vollziehen, um die Beziehung nach den eigenen Erwartungen zu formen (vgl. Sachse 2016, 15). Dieses intuitive Interaktionsverhalten der Klient*innen wird hierbei bestenfalls durch die Fachkraft reflektiert (vgl. Jungmann & Reichenbach 2016, 39 f.).

Weiterhin werden Interaktionen aufeinander ausgerichtet, es werden Erwartungen an sie gestellt und in der professionellen Beziehung wird ein gegenseitiges Profitieren von der Interaktion als grundlegend beschrieben (s. Exkurs: Theorie der Sozialen Beziehung).

Exkurs: Theorie der Sozialen Beziehung

Ursprünglich geht der Begriff der Sozialen Beziehung auf Max Weber zurück. Er beschreibt einen Prozess, in dem sich das Handeln mehrerer Beteiligter gegenseitig aufeinander bezieht und aneinander orientiert. Hierdurch bewirkt das soziale Handeln auf Seiten aller Beteiligten etwas und ermöglicht somit gemeinsames Handeln (weiterführend Weber 1984). »Soziale Beziehungen werden dabei als zwischenmenschliches Geschehen der Annäherung oder Distanzierung, der Vereinigung oder Trennung verstanden, die sich im Rahmen formaler Netzwerke, d.h. von Inhalten, Motiven oder historischen Bedingungen unabhängig gedachten Beziehungsgeflechten oder Figurationen [...] in ihren unterschiedlichsten Formen abspielt [sic!]« (Kopp 2018, 51). Das jeweilig aufeinander bezogene Handeln setzt eine Einstellung voraus, die man beim anderen erwartet und die das eigene Handeln an den Erwartungen des anderen ausrichtet (vgl. Weber 2020, 62).

Praxisbeispiel

Eine Fachkraft arbeitet im Streetwork und begleitet seit einigen Wochen unregelmäßig eine Gruppe junger Wohnungsloser, mit denen sie ein immer besseres Verhältnis aufbaut und ins Gespräch kommt. Eine junge wohnungslose Frau macht dabei auf sie den Eindruck, sehr verunsichert zu sein und unter Druck zu stehen. Sie äußert sich aber im Gespräch innerhalb der Gruppe nicht. Die Fachkraft bietet ihr an, mal zu zweit einen Spaziergang zu machen oder zusammen einen Kaffee zu trinken. Die junge Frau nimmt das Angebot an und erzählt der Fachkraft einige bewegende Ereignisse aus ihrem Leben. Die Fachkraft hört aufmerksam zu und zeigt Verständnis für die Situation der Klientin. Einige Tage später sucht die Fachkraft erneut die junge Frau auf, diese reagiert sehr abwehrend und beschimpft schließlich die Fachkraft: »Du hörst dir erst mein ganzes Leben an und dann lässt du dich tagelang nicht mehr blicken. Von solchen wie dir will ich nichts mehr wissen!«

Diese Situation verdeutlicht, dass die Klientin, ohne es auszusprechen, bestimmte Erwartungen an die Beziehung zur Fachkraft stellt und diese unerfüllt blieben. Aufgrund der Tiefe des letzten Gesprächs scheint bei der Klientin eine Erwartungshaltung entstanden zu sein, dass die Fachkraft nun regelmäßiger oder intensiver den Kontakt mit der jungen Frau suchen solle. Für die Fachkraft ist es gerade bei Erwartungen, die enttäuscht werden, wichtig, das eigene Verhalten und eigene Anteile in der Interaktion zu reflektieren, um einerseits die Professionalität zu wahren und andererseits nachvollziehen zu können, welche Beziehungs- und Interaktionswünsche Klient*innen haben und sie ggf. dabei zu unterstützen, diese in einem anderen Rahmen zu erfüllen. Neigen Klient*innen dazu, dysfunktionale Interaktionsmuster einzusetzen, ist diese Reflexion besonders wichtig, um als Fachkraft negative Interaktionsdynamiken zu bemerken und aus diesen aussteigen zu können.

Praxistipp!

Um auch in schwierigen Situationen die Interaktion fachlich reflektieren zu können, ist es oftmals hilfreich, aufkommende Vorwürfe oder destruktive Verhaltensweisen möglichst wenig persönlich zu nehmen, sondern den Fokus darauf zu richten, welche Bedürfnisse beim Gegenüber mutmaßlich unerfüllt sind und diese ggf. anzusprechen.

Sobald Fachkräfte sich in Interaktion mit Klient*innen befinden, bewegen sie sich in einem Spannungsfeld aus Nähe und Distanz (▶ Kap. 2.2.3), das sich innerhalb der professionellen Beziehung fortwährend verändern kann und durch Subjektivität im Nähe-Distanz-Erleben geprägt ist (vgl. Best 2020a, 45). Innerhalb der zwischenmenschlichen Interaktion sind gegenseitige Erwartungen, Bestätigungen, Enttäuschungen sowie positive und negative Gefühle besonders bedeutsam, da Fachkräfte und Klient*innen in einer gemeinsamen Wirklichkeit agieren, die oftmals nicht hinterfragt wird (vgl. Thiersch 2012, 123).

> **Gut zu merken**
>
> Beziehung wird immer beeinflusst durch Erfahrungen, Erwartungen und Gefühle, die alle Beteiligten in die Interaktion einbringen.

2.2.1 Symmetrische und komplementäre Interaktionen

Im Kontext von Beziehungsgestaltung wird häufig von symmetrischen und komplementären Beziehungen und Interaktionen gesprochen. Diese Zuschreibungen entstehen aufgrund der Art und Weise, wie sich die Interaktion zwischen den Beteiligten vollzieht, ob diese auf Gleichheit oder Unterschiedlichkeit beruht. In symmetrischen Interaktionen ist das Verhalten der Beteiligten spiegelbildlich, unabhängig davon, um welches Verhalten es sich handelt. Es besteht ein Streben nach Gleichheit und der Reduktion von Unterschiedlichkeit. Hingegen vollziehen sich komplementäre Interaktionen genau gegensätzlich: Das Verhalten der Interaktionspartner*innen ergänzt sich gegenseitig dergestalt, dass eine Person eine superiore (primäre) Stellung einnimmt, während die andere Person entsprechend die inferiore (sekundäre) Stellung innehat, beruhend auf gesellschaftlichen oder kulturellen Kontexten wie z.B. Arzt*Ärztin-Patient*in, Mutter-Kind oder Lehrer*in-Schüler*in. Bateson beschreibt 1935 das Phänomen der Schismogenese, das »einen durch die Wechselbeziehungen zwischen Individuen verursachten Differenzierungsprozess der

Normen individuellen Verhaltens« (Bateson 1935, 178 ff.) bezeichnet. Grundlegend geht Bateson davon aus, dass Beziehungen sich im Laufe der Zeit auch ohne äußeren Anlass verändern, indem Verhaltensweisen und Reaktionen auf diese sich auf die Beziehung wiederum auswirken, bspw. indem eine Person sich dominant verhält und die andere Person sich unterwirft, was zu verstärkter Dominanz und weiterer Unterwerfung führt (vgl. ebd., 176 f.). Nach dieser Erläuterung haben Interaktionen zwischen den Beteiligten folglich eine Eigendynamik, die sich verstärkt, unabhängig davon, ob die Beziehungen auf Gleichheit (Symmetrie) oder auf Unterschiedlichkeit (Komplementarität) beruhen (vgl. Watzlawick, Beavin & Jackson 2017, 79).

> **Gut zu merken**
>
>
>
> Ob Interaktionen symmetrisch oder komplementär verlaufen, hängt von der Situation und den an der Interaktion Beteiligten ab. Es handelt sich hier nicht um dauerhafte Eigenschaften, sondern um dynamische Prozesse.

Wichtig ist, dass diese Stellungen innerhalb der gemeinsamen Interaktion nicht als Bewertung im Sinne von stark und schwach etc. dienen sollen, sondern von beiden an der Interaktion beteiligten Personen hergestellt und aufrechterhalten werden (vgl. ebd., 79 f.). Dies bedeutet auch, dass es sich nicht um dauerhafte Eigenschaften der Beteiligten handelt, sondern um situative Verhaltensweisen (vgl. Willemse & von Ameln 2018, 105). Vielfach sind es bspw. die Klient*innen innerhalb der Sozialen Arbeit, die sich eine komplementäre Beziehung wünschen und ihr Verhalten dementsprechend ausrichten, ohne dass sie das benennen könnten. Die Fachkraft muss an der Stelle ihr eigenes Verhalten reflektieren, um geeignete Interventionen einzusetzen, die der Beziehungsgestaltung zuträglich sind.

Praxisbeispiel

Eine Fachkraft in der psychosozialen Beratung führt ein Erstgespräch mit einer Klientin. Die Fachkraft fragt: »Was müsste denn innerhalb der

Beratung passieren, damit Sie sagen, dass es sich gelohnt hat?« Daraufhin erwidert die Klientin: »Dass ich von Ihnen Tipps und Tricks bekomme, wie ich mit meinem Problem umgehen kann.« (Anm.: An dieser Stelle fordert die Klientin die Fachkraft zu einer komplementären Beziehung auf, da sie der Fachkraft zuschreibt, über Wissen zu verfügen, das sie der Klientin zur Verfügung stellen kann, damit diese entsprechende ›Ratschläge‹ umsetzen kann.)

Die Fachkraft reagiert wie folgt: »Ah, ich verstehe, Sie hätten gerne konkrete Strategien zum Umgang mit Ihrem Problem. Ich kann Ihnen anbieten, dass wir in einem ersten Schritt mal gemeinsam schauen, was genau Ihre Herausforderung ist und was Sie schon probiert haben, um mit ihr umzugehen. Daraus könnten Sie dann ggf. mit meiner Unterstützung neue Ideen ableiten.« Die Klientin schaut kritisch und fragt: »Also kennen Sie sich mit meinem Problem gar nicht aus? Ich hatte so gehofft, hier Hilfe zu bekommen.«

Diese Gesprächssituation ist ein Beispiel dafür, dass die Fachkraft aufgrund ihrer professionellen Haltung im Handlungsfeld der psychosozialen Beratung den Wunsch hat, eine symmetrische Beziehung zu ihrer Klientin herzustellen, indem sie sich bspw. als Begleiterin anbietet und die Klientin unterstützen möchte, eigene Ideen zur Problembewältigung zu entwickeln. Die Klientin hingegen hat den Wunsch nach einer komplementären Beziehung, in der sie die inferiore Stellung einnimmt, während sie von der Fachkraft in der superioren Stellung Tipps und Tricks zur Problembewältigung erhofft. Es wird deutlich, dass unterschiedliche Vorstellungen davon, ob eine symmetrische oder komplementäre Beziehung hergestellt werden soll, den Beziehungsaufbau behindern und ggf. zu Enttäuschungen im professionellen Prozess führen können. In solchen Fällen, in denen sich die Beziehung hinsichtlich ihrer Symmetrie oder Komplementarität nicht automatisch klärt, ist es wichtig, als Fachkraft den gemeinsamen Klärungsprozess zu initiieren. Diese Klärung kann bspw. angestoßen werden, indem transparent dargestellt wird, warum die jeweilige Form der Interaktion besonders hilfreich sein könnte, wodurch das Verhalten und Vorgehen als Fachkraft für Klient*innen nachvollziehbarer wird.

> **Praxistipp!**
>
> In Situationen, in denen nicht selbstklärend ist, ob eine symmetrische oder komplementäre Interaktion stattfindet, sollte seitens der Fachkraft ein klärender Prozess auf Metaebene initiiert werden, um gegenseitige Erwartungshaltungen und Wünsche an die Beziehung zu thematisieren.

Praxisbeispiel

> Ein getrenntes Elternpaar nimmt eine Trennungs- und Scheidungsberatung beim ASD des Jugendamts in Anspruch. Die Fachkraft des Jugendamts erklärt zu Beginn der gemeinsamen Arbeit ihre Rolle und den Ablauf der Trennungs- und Scheidungsberatung wie folgt: »Oftmals wünschen sich Elternteile, dass ich wie ein Schiedsrichter entscheide, wer Recht oder Unrecht hat, und dass ich festlege, welche Lösung für Ihr Kind die beste ist. Ich kann diesen Wunsch gut verstehen, endlich eine Lösung zu haben. Gleichzeitig kennen Sie beide Ihr Kind am besten und wissen, was es braucht und wie Sie als Eltern sind. Daher habe ich in diesem Beratungsprozess die Aufgabe, einen Rahmen zu schaffen, in dem Sie beide miteinander eine Vereinbarung erarbeiten. Das klingt erst einmal anstrengender, aber dadurch ist es am Ende dann auch Ihre Lösung, die zu Ihnen und Ihrem Kind passt.«

Durch diese transparente Darstellung der professionellen Rolle und des Gesprächssettings erhöht sich die Wahrscheinlichkeit, dass die Betroffenen sich auf die Situation einlassen und in eine konstruktive Beziehung zur Fachkraft treten können. Die Ausführungen der Fachkraft in dem vorangegangenen Beispiel verdeutlichen zudem, dass die Rahmenbedingungen aus Sicht der Klient*innen nicht persönlich zu nehmen sind, sondern personenunabhängig für alle im entsprechenden Setting gelten. Auch diese Einsicht kann sich beziehungsförderlich auswirken, insbesondere in Fällen, in denen seitens der Beteiligten eine Unzufriedenheit mit den Rahmenbedingungen besteht.

> **Gut zu merken**
>
> Transparenz hinsichtlich der Rahmenbedingungen und des Settings der Interaktion wirken sich gerade bei Irritationen und Unzufriedenheit beziehungsförderlich aus.

2.2.2 Synchronisation der Interaktion und Herstellen von Rapport

Die Forschung belegt, dass Interaktion aktiv so gestaltet werden kann, dass sie sich beziehungsförderlich auswirkt. Es kann ein Zusammenhang zwischen der Synchronisation in Interaktionen (wie bspw. das Einnehmen einer ähnlichen Körperposition und Stimmlage) und der positiven Bewertung dieser Interaktionen hergestellt werden (weiterführend Prinz et al. 2021; Tschacher, Rees & Ramseyer 2014).

Synchronisation bedeutet das Angleichen an eine andere Person hinsichtlich der Körperhaltung, Gestik, Mimik, Stimmlage, Lautstärke oder des Sprechtempos. Sie fördert das Erleben von Verbundenheit und Einigkeit zwischen den Kooperationspartner*innen. Synchronisationsphänomene treten außerdem häufiger in kooperativ erlebten Gesprächssituationen mit positiven Gesprächsinhalten auf als in Gesprächen mit kompetitivem Charakter und negativen Gesprächsinhalt. Sie sind häufig unbewusst und wirken in zwei Richtungen: Einerseits führt Positivität im Gespräch zu einer häufigeren Synchronisation, andererseits bedingt die Synchronisation eine Steigerung von Positivität, so dass hier eine bewusste Nutzung der Wirkmechanismen möglich ist (vgl. Altmann 2013, 7 ff.). Für die Beziehungsgestaltung in der Sozialen Arbeit bedeutet dies, dass es besonders hilfreich ist, eine Gesprächsatmosphäre zu ermöglichen, die den kooperativen Charakter der Zusammenarbeit betont. Auch schwierige Gesprächsthemen sollten möglichst ressourcen-, lösungs- und klient*innenorientiert behandelt werden, damit eine positive Bewertung der Interaktion aus Klient*innenperspektive wahrscheinlicher wird.

> **Gut zu merken**
>
> Synchronisation innerhalb der Interaktion wirkt sich beziehungsförderlich aus. Positivität und Synchronisation bedingen sich dabei wechselseitig.

Praxisbeispiel

In einer Frauenberatungsstelle meldet sich eine junge Frau und vereinbart einen Termin zum Erstgespräch für eine Schwangerschaftskonfliktberatung. Die Fachkraft erlebt die Klientin im Erstkontakt als unsicher und ambivalent. Beide nehmen in zwei Sesseln im Beratungsraum Platz. Die Klientin lehnt sich im Sessel weit zurück und verschränkt zunächst die Arme vor dem Körper. Der Fachkraft fällt die verschlossene Körperhaltung der Klientin auf. Sie setzt sich zunächst auch weit nach hinten gelehnt im Sessel hin, verschränkt aber nicht die Arme, sondern führt die Hände vor ihrem Körper zusammen und legt sie in den Schoß. Sie spricht zunächst mit leiser und ruhiger Stimme mit der Klientin und passt sich damit der Lautstärke der Klientin im Gespräch an. Die Fachkraft stellt zu Beginn einen sicheren Rahmen für das Gespräch her und betont direkt zu Beginn, dass die Klientin die Bescheinigung über die Inanspruchnahme der Schwangerenkonfliktberatung auf jeden Fall erhält, unabhängig davon, wie sich das Gespräch entwickelt. Die Klientin wirkt erleichtert, löst die Arme und legt die Hände in ihren Schoß. Die Beraterin lehnt sich in der Folge im Sessel etwas weiter nach vorne und nimmt mehr Blickkontakt zur Klientin auf. Diese öffnet sich in der Beratung zunehmend, berichtet von ihrer schwierigen Situation und erzählt, dass es für sie eine große Überwindung gewesen sei, den Termin in der Beratungsstelle zu vereinbaren und sie bis zum letzten Moment gezögert habe, wirklich zur Beratung zu kommen. Die Fachkraft bekräftigt die Klientin für ihren mutigen Schritt und betont, dass die Entscheidung immer in der Hand der Klientin bliebe und ihr keinerlei Vorgaben gemacht würden. Gleichzeitig öffnet sie noch weiter ihre Sitzhaltung, indem sie die Hände zum Unterstreichen des Gesagten einsetzt. Kurze Zeit später gestikuliert auch die Klientin mit ihren Händen und erzählt der Fachkraft ausführlich von ihren Zweifeln und der schwierigen Situation, in der sie sich befinde. Am Ende des Gesprächs meldet sie zurück, dass sie nun deutlich erleichtert sei, da sie sich sehr verstanden gefühlt habe.

Die hier geschilderte Situation eines Erstkontakts ist für die Beziehungsgestaltung besonders relevant, da bereits in den ersten Minuten des Gesprächs ein Aushandlungsprozess stattfindet, wie die Interaktion miteinander gestaltet wird. Oftmals spricht man vom Herstellen eines Rapports. Gemeint ist damit eine »zielbezogene, vertrauensvolle Interaktion in einer freundlichen Atmosphäre« (Dahmer & Dahmer 2003, 49), die es den Beteiligten ermöglicht, miteinander in Kontakt zu kommen und sich auf ein kooperatives und kommunikativ angenehmes Gespräch einzulassen (vgl. ebd., 47). »Wer Rapport herstellt, findet das Gemeinsame. Das ist es, was uns mit unserem Gegenüber verbindet und Vertrauen schafft« (Seidl 2019, 16). Dieses Zitat betont den interaktiven Gedanken des Miteinanders und zeigt gleichzeitig auf, dass die Herstellung von Rapport ein wechselseitiger Prozess ist: Es braucht eine Fachkraft, die Bemühen zeigt, Kontakt zum*zur Klient*in herzustellen, und auf Klient*innenseite eine Person, die sich auf diesen Kontakt einlässt.

> **Gut zu merken**
>
> Wenn es der Fachkraft gelingt, sich ganz auf ihr Gegenüber einzustellen und die Aufmerksamkeit mit einer positiv-wertschätzenden Grundhaltung auf das Klientel zu richten, kann ein vertrauensvoller Kontakt, der Rapport, hergestellt werden.

In diesem Zusammenhang wird oftmals neben der gelingenden Interaktion ein Rapport auf der Ebene der Wahrnehmung und damit auch der Sprache als bedeutsam beschrieben, indem bspw. Fachkräfte bewusst Wahrnehmungskanäle der Klient*innen ansprechen, auf denen diese gut erreichbar sind. Dies können bei visuell veranlagten Menschen das Sprechen in Bildern und Metaphern oder der Einsatz von Visualisierung im Gespräch sein. Gelingt es Fachkräften, die Kanäle der Klient*innen zu nutzen und dadurch auf der Ebene des Klientel zu denken und zu spüren, ist ein schnellerer und intensiverer Kontakt zwischen den Beteiligten möglich und die Beziehung kann über die Dauer der Zusammenarbeit besser aufrechterhalten werden (vgl. Wolters 2015, 87 ff.).

> **Praxistipp!**
>
> Als Fachkraft lohnt es sich im Sinne einer gelingenden Beziehung, auf die Ausdrucksweise der Klient*innen zu achten und die eigene Sprechweise dem Gegenüber anzunähern, bspw. indem bildlich und metaphorisch gesprochen wird, wenn das Gegenüber diesen Kanal bevorzugt nutzt.

Rapport als Kontakt, in dem die Beteiligten eine gemeinsame Wellenlänge finden, wird weiterhin befördert durch Ähnlichkeit im Auftreten, in der Erscheinung sowie in der Körpersprache (vgl. Boden 2013, 163). Rapport sollte hierbei nicht als Prozess des Sich-Anbiederns missverstanden werden, sondern immer unter dem Grundsatz der Echtheit (Kongruenz) zum Einsatz kommen. Zur Herstellung des Rapports wird eine innere Einstellung benötigt, sich voll auf das Gegenüber einzulassen und sich der Person mit ihren Themen zuzuwenden. Voraussetzung hierfür ist, eigene Themen zurückzustellen und einen guten Umgang mit Barrieren wie bspw. Zeitdruck zu finden, die die Herstellung des Rapports erschweren. Eine Möglichkeit ist das Pacing: das Spiegeln des Selbstausdrucks einer anderen Person (vgl. Mohl 2010, 56 ff.). Mit diesem Begriff ist gemeint, sich dem Gegenüber in der Körperhaltung und -position anzupassen und/oder die Verbal- bzw. Paraverbalsprache anzunähern. Ziel des Pacings ist die eben beschriebene Synchronisation der Interaktion zur Verbesserung und Stabilisierung des Kontakts. Wichtig ist, dass Fachkräfte diese Anpassungsprozesse sehr vorsichtig vornehmen, um die eigene Authentizität nicht zu gefährden. Ein übertrieben angepasstes und damit unecht wirkendes Verhalten schadet der Beziehung, statt hilfreich zu sein.

> **Praxistipp!**
>
> Pacing sollte immer dezent eingesetzt werden, damit das Gegenüber sich nicht imitiert fühlt. Nur dann kann die beziehungsförderliche Wirkung von Pacing eintreten. Im Wesentlichen sollten konstruktive und positive Aspekte der Kommunikation im Pacing aufgegriffen werden, da diese eine angenehme Atmosphäre und ein Wohlfühlen ermöglichen.

Wenn Rapport hergestellt werden konnte, ermöglicht dieser der Fachkraft, über das Leading eine*n Klient*in zu führen, indem bspw. durch eine Veränderung der Sitzposition oder Körperhaltung, der Stimme oder Lautstärke mehr Dynamik in der Interaktion entstehen oder eine Situation beruhigt werden kann, eine Aktivierung des Gegenübers angeregt oder die Stimmung des Gegenübers beeinflusst wird (vgl. Boden 2013, 163; Sawizki 2011, 46 ff.). Wichtig ist, dass sowohl die Herstellung von Rapport als auch die Beendigung des Rapports gestaltet werden, damit Klient*innen mit einem positiven Gefühl aus dem Kontakt gehen und bei Folgekontakten mit der Gewissheit zurückkehren, dass der Rapport wieder hergestellt werden kann. Hierbei ist insbesondere die Natürlichkeit der Situation und Interaktion wichtig, damit die Gestaltung des Rapports nicht einstudiert wirkt, auch wenn diese bewusst gesteuert wird (vgl. Sawizki 2011, 48 f.).

> **Gut zu merken**
>
> Ohne Pacing und die damit angestrebte Herstellung von Rapport ist kein Leading möglich. Gelingt das Leading, ist dies ein Zeichen für die Herstellung eines gelingenden Kontakts.

2.2.3 Nähe und Distanz

> »Professionelles und erfolgreiches psychosoziales Handeln gründet in einer gelingenden Balance zwischen Nähe und Distanz« (Datler & Strachota 2012, 178).

Für eine professionelle Beziehung zwischen Fachkräften und Klient*innen wird folglich die Fähigkeit benötigt, eine sinnvolle Verbindung zwischen Nähe und Distanz herzustellen (vgl. Dörr & Müller 2012, 9). Nähe und Distanz können somit als Kernthemen der Beziehungsgestaltung angesehen werden (vgl. Dörr & Müller 2012; Geißler & Hege 2001), nehmen sie doch immensen Einfluss darauf, ob eine Beziehung vertrauensvoll, unterstützend oder auch grenzüberschreitend und übergriffig erlebt wird.

Gut zu merken

Die Herstellung von Balance zwischen Nähe und Distanz zu Klient*innen ist eine der wichtigsten Fähigkeiten von Fachkräften innerhalb der Beziehungsgestaltung.

Wirft man einen Blick auf Distanz in der Beziehungsgestaltung, ist diese oft verbunden mit Abstand, Reserviertheit und Abgrenzung, aber auch mit dem Ermöglichen von Autonomie und Entscheidungsfreiheit (vgl. Best 2020a). Gleichzeitig kann Distanz als »Credo der Professionalität« (Kurz-Adam 2019, 328) betrachtet werden, da in helfenden Berufen unbedingt das Phänomen der hilflosen Helfenden vermieden werden sollte. Gemeint ist damit ein Zustand, in dem die Fachkräfte zu nah an Klient*innen sind und dadurch kaum noch eine Reflexion der Beziehungs- und Prozessgestaltung erfolgen kann. Zur Abgrenzung werden unterschiedliche Elemente wie feste Zeiten der Hilfe und Erreichbarkeit der Fachkräfte, Türschilder und Räumlichkeiten beschrieben, die einen Rahmen für die Gestaltung der Beziehung bieten und Distanzierung befördern (vgl. ebd., 329 f.). Nähe und Distanz sind zunächst alltagssprachlich genutzte Begriffe, die wissenschaftlich noch wenig analysiert wurden, obwohl sie im (sozial-)pädagogischen Kontext oft verwendet werden (vgl. Gräber 2015, 329 f.). Innerhalb der Sozialen Arbeit wird mit dem Begriffspaar Nähe und Distanz neben einem räumlichen Konstrukt eine Verhältnisbeschreibung im Sinne eines grundlegenden Denk- und Interaktionskonzepts zwischen Fachkräften und Klient*innen vorgenommen (vgl. Klatetzki 2012, 82). Nun stellt sich zu Recht die Frage, wie es Fachkräften gelingt, Nähe und Distanz so zu gestalten, dass sie einerseits der Koproduktion zwischen Fachkraft und Klient*in im Sinne eines Rahmens für die Zusammenarbeit dienen und andererseits Beziehungsbedürfnisse der Beteiligten berücksichtigt werden. Das ist von großer Bedeutung, wenn es darum geht, durch Beziehung zu ermöglichen, dass die Beteiligten sich einlassen und Vertrauen schöpfen, ohne sich in eine zu große Abhängigkeit zu begeben oder die Kontrolle aufzugeben (weiterführend Best 2020a).

> **Praxistipp!**
>
> Nähe und Distanz der Beteiligten sollten bei Bedarf innerhalb der Metakommunikation thematisiert werden. Insbesondere wenn Nähe und Distanz Selbstwirksamkeit, Autonomie oder eigener Entscheidungsfindung im Weg stehen, kann ein Gespräch hinsichtlich des Vorgehens und der damit einhergehenden Bedürfnisse der Beteiligten sowohl die professionelle Beziehung als auch das weitere Miteinander befördern.

> **Praxisbeispiel**
>
> Eine Klientin äußert gegenüber der Fachkraft in der Sozialpädagogischen Familienhilfe: »Ich bin richtig traurig, wenn diese Hilfe endet. Mir hat das in den letzten Monaten so gut getan zu wissen, dass ich die Unterstützung kriege im Umgang mit meinen Kindern, und wenn's mal wieder schwierig wird, dass ich Sie dann anrufen kann und Sie sind da. Können wir die Hilfe nicht irgendwie verlängern, damit Sie weiterhin hierhin kommen? Vielleicht können Sie nochmal mit dem Jugendamt sprechen.«

Anhand dieses Beispiels wird deutlich, dass eine intensive und durch Nähe geprägte Beziehung zwischen Fachkraft und Klientin eine unterstützende Wirkung haben kann. Die Klientin erlebt in diesem Fall die Nähe der Fachkraft als Sicherheit und Hilfe. Gleichzeitig verlässt sie sich aber auf sie und macht sich dadurch von einer Hilfe abhängig, anstatt Fähigkeiten zu entwickeln, um zukünftig selbst mit schwierigen familiären Situationen umgehen zu können. Ein hohes Maß an Nähe birgt also die Gefahr, dass die Klient*innen sich wohl und unterstützt fühlen, gleichzeitig aber der Grundsatz der Hilfe zur Selbsthilfe in den Hintergrund gerät. Distanz bietet im Rahmen der Beziehungsgestaltung also immer auch die Möglichkeit, eigene Fähigkeiten zu erlangen und auszubauen, indem die Fachkraft sich im Prozess so weit zurücknimmt, dass Raum für eigene Exploration und Entwicklung entsteht, der im Kontext übergroßer Nähe kaum entwickelt werden kann (vgl. Best 2020a, 258 ff.). Folgt man der Idee, die Distanz als Förderer von Autonomie und Selbstwirksamkeit anzusehen, vernachlässigt man jedoch, dass vielfach das Klientel Sozialer Arbeit sich in einer Lebenslage befindet, in der eigene Ressourcen wenig wahrgenommen werden können und ggf. sogar wenig vorhanden und abrufbar sind. Daher ist die Herstellung von Nähe häufig eine wichtige Grundlage für die Aushandlung eines Arbeitsbündnisses. Wichtig ist hierbei als Fachkraft zu beachten, dass das eigene Bedürfnis nach Nähe, das oft mit Anerkennung, Wertschätzung und Verbundenheit einhergeht, nicht im Rahmen der Fachkraft-Klient*innen-Beziehung befriedigt werden sollte. Vielmehr sollten sich Fachkräfte gewissermaßen hinsichtlich der Nähe-Distanz-Gestaltung in den Dienst der Inanspruchnehmenden stellen, so dass die Beziehungsgestaltung sich im Wesentlichen an Bedürfnissen der Klient*innen orientiert, ohne dass unreflektiert alle Bedürfnisse erfüllt werden müssen (vgl. ebd., 279 ff.).

Praxisbeispiel

Der 17-jährige Klient eines offenen Jugendtreffs fragt die Fachkraft, ob diese ihn im Auto mitnehmen könne, da er seinen Bus verpasst habe. Sie sei doch immer so nett und hilfsbereit. Die Fachkraft fühlt sich geschmeichelt und nimmt den jungen Mann im Auto mit. Während der Fahrt stellt er ihr Fragen zu ihrem Privatleben, ob sie einen Freund habe, wo sie genau wohne usw. Der Fachkraft ist es etwas unangenehm, jedoch möchte sie die ›gute‹ Beziehung zu dem Klienten nicht gefährden und beantwortet die Fragen. Einige Tage später ist der Klient wieder im Jugendtreff und lädt die Fachkraft ein, nach der Arbeit mit ihm etwas trinken zu gehen.

Dieses Beispiel verdeutlicht den schmalen Grat der Nähe. Einerseits liegt der Fachkraft viel daran, mit dem Klienten eine vertrauensvolle Beziehung aufzubauen, damit er sich ihr anvertraut, andererseits spürt sie intuitiv, dass eine zu große persönliche Nähe zwischen den beiden entsteht, will die Beziehung aber nicht gefährden. Die Erfüllung der Bedürfnisse des Klienten nach Nähe sollte hier hinterfragt werden, damit die Fachkraft ggf. wertschätzend eine Grenze ziehen kann, bspw. durch die Frage: »Was würde es für dich bedeuten, wenn du wüsstest, ob ich einen Freund habe oder nicht?« Hierdurch wäre es möglich, einerseits Interesse an seinen Motiven zu signalisieren, sich aber andererseits nicht auf das starke Einfordern von Nähe einzulassen. Häufig reflektieren Fachkräfte im Nachgang solcher Situationen, dass sie vielleicht zu viel von sich preisgegeben haben, und überlegen, wie sie nun diese große Nähe wieder reduzieren können. Hierbei ist der zuvor beschriebene Aspekt der eigenen Beziehungsbedürfnisse im Blick zu halten.

Praxistipp!

Eine Selbstreflexion in Hinblick auf das eigene Nähe-Distanz-Erleben und damit verbundene Beziehungsbedürfnisse wie bspw. das Bedürfnis nach Anerkennung oder Gemocht-Werden hilft Fachkräften, eigene Bedürfnisse nicht unreflektiert in die Arbeitsbeziehung einzubringen und einen professionellen Umgang mit ihnen zu entwickeln.

Der Wunsch nach Nähe, Anerkennung und Wertschätzung ist fest im Menschen verankert. Bei fehlender Reflexion durch die Fachkraft kann hier ein Grund liegen, dass es zu übergroßer und oftmals freundschaftlich anmutender Nähe kommt, die in dem Moment häufig durch die Beteiligten als angenehm empfunden wird, im Nachgang aber der professionellen Arbeitsbeziehung im Weg steht, da diese Bedürfnisse mittel- und langfristig nicht bedient werden können und es hierdurch zu Irritationen und Enttäuschungen in der Arbeitsbeziehung zwischen Fachkraft und Klient*in kommen kann.

Bislang wurde insbesondere eine zu große Nähe thematisiert. Dies liegt darin begründet, dass die Mehrheit der Fachkräfte Sozialer Arbeit sich eher als nähe-orientiert denn als distanz-orientiert bezeichnen würde. Insofern ist die Herstellung einer zu großen Nähe für viele Fachkräfte mit einer höheren Wahrscheinlichkeit verbunden als eine zu starke Distanzierung. Eine starke Distanzierung birgt jedoch das Risiko, in eine zu sehr beobachtende und zu wenig helfende und handelnde Rolle zu geraten: »Die Ferne in den helfenden Beziehungen kann zum Ort des Zögerns werden, zum Ort des Kalküls, möglicher Abwendung, möglicher Urteile« (Kurz-Adam 2019, 329).

Die Herstellung von Nähe und Distanz ist außerdem stark vom Handlungsfeld und Arbeitskontext abhängig. Beispielsweise differenziert sich die Beziehungsgestaltung mit Kindern und Jugendlichen in einer Wohngruppe oder einem offenen Jugendtreff erheblich von der in einer Resozialisierungsmaßnahme von Straftätern oder in der Erziehungsberatung. Jedes Handlungsfeld erfordert eine individuelle Anpassung der Beziehungsgestaltung. Und innerhalb der Handlungsfelder bringen die Beteiligten jeweils unterschiedliche Nähe-Distanz-Bedürfnisse mit, die Beachtung innerhalb der Beziehungsgestaltung finden sollten.

> **Gut zu merken**
>
>
>
> Die Nähe-Distanz-Gestaltung ist handlungsfeld-, klientel- und personenabhängig. Daher muss sie angepasst und individuell ausgehandelt werden.

2.2.4 Affekt- und Emotionsregulation

Vielfach kommen Fachkräfte der Sozialen Arbeit mit Klient*innen in Kontakt, die aus unterschiedlichen Gründen emotional aufgewühlt sind oder situativ nicht in der Lage sind, Gefühle und entsprechende Gefühlsäußerungen zu regulieren (s. Exkurs: Affekte, Emotionen, Gefühle).

Exkurs: Affekte, Emotionen, Gefühle

Affekte, Emotionen und Gefühle gehören zu jenen Begrifflichkeiten, unter denen sich jede*r etwas vorstellen kann, die aber schwer zu definieren und zu differenzieren sind und teilweise synonym verwendet werden. Oftmals wird der Begriff des Affekts in der Literatur als übergeordnetes Element angesehen (vgl. Nicolaisen 2019, 19), dem Emotionen, Gefühle und Stimmungen zugehören (weiterführend dazu Hauke 2013). Die Begriffe Emotion und Gefühl werden häufig gleichbedeutend verwendet, Gefühle sind allerdings eher als subjektives Empfinden dessen zu verstehen, was als Emotion ausgelöst wird (vgl. Schreyögg 2014, 36).

Verschiedene Emotionstheorien definieren Emotionen auf unterschiedliche Weise (vgl. Barnow 2020, 5). Die Theorie der Basisemotionen geht davon aus, dass Grundemotionen wie Ekel, Ärger, Furcht, Trauer, Überraschung und Freude existieren, die klar voneinander trennbar sind und angeboren zu sein scheinen (vgl. Ekman 2016, 31 ff.). Diese werden auch als primäre Emotionen bezeichnet. Dem gegenüber sind sekundäre (komplexe) Emotionen wie Scham und Stolz erlernte Prozesse mit kultureller Prägung. Diese können die Primäremotionen überdecken, so dass die Primäremotion hinter der komplexen Emotion verborgen bleibt (vgl. Glasenapp 2021, 20). Die sogenannten Appraisal-Theorien inkludieren körperliche und kognitive Zustände als Bestandteil emotionaler Prozesse und gehen davon aus, dass Erfahrungen und Bewertungen die Bedeutung von Emotionen bestimmen. Uneinigkeit herrscht bezüglich der Entstehung von Emotionen und ihrer biologischen Determinierung (vgl. Barnow 2020, 5). Emotionen werden durch bestimmte Situationen oder Ereignisse ausgelöst (vgl. Nicolaisen 2019, 19). Ein weiteres wichtiges Merkmal ist, dass Emotionen zeitlich instabil sind und dadurch situativen Veränderungen unterliegen. Emotionen wird oftmals zugesprochen, dass sie zentral für die Gestaltung interpersoneller Beziehungen sind und durch Mimik, Gestik, Empathie und Verhalten zum Ausdruck kommen (vgl. Ekman et al. 1972).

Zur Emotionsregulation gibt es bis heute keine einheitliche wissenschaftliche Meinung. Erste Arbeiten sind die von Selye (1956) und Lazarus (1966); sie setzten sich mit Stressbewältigung, Coping und Strategien zum Umgang mit Emotionen auseinander (vgl. In-Albon 2013, 18). Heute findet man häufig die Erläuterung nach Gross (2014), dass Emotionsregulation einen Prozess darstellt, durch den Personen Erleben, Intensität, Dauer, Zeitpunkt und Ausdruck aktivierter Emotionen beeinflussen (vgl. Koch & Liedl 2019, 5) und dieser als Fähigkeit angesehen wird, die eigenen Gefühle situationsadäquat zu kontrollieren. Emotionsregulation ermöglicht dadurch den Umgang mit der sozialen Umwelt und die persönliche Zielerreichung (vgl. Sigrist et al. 2021, 700). Dabei kann Emotionsregulation sowohl Versuche zur Unterdrückung nicht erwünschter Emotionen als auch solche zur Steigerung und Entstehung erwünschter Emotionen beinhalten (vgl. Brandstätter et al. 2018, 222).

Eine wichtige Aufgabe der Fachkräfte besteht darin, einen adäquaten Umgang mit Situationen zu entwickeln, in denen es zu starken Emotionsäußerungen wie z. B. Trauer und Wut kommt, sowie mit verbalen (und manchmal auch körperlichen) Angriffen und Aggressionen umzugehen. Zusätzlich unterstützen sie die Betroffenen dabei, eigene Emotionen zu regulieren und Strategien zu entwickeln, die ihnen helfen, in zukünftigen Situationen die Regulation selbst angemessen(er) vorzunehmen. Für diese Regulation ist die Wechselwirkung zwischen innerpsychischen Abläufen wie der Aufmerksamkeitssteuerung, Gedächtnisleistungen und Handlungsplanung und deren Bewertung bedeutsam (vgl. Nicolaisen 2019, 20 f.; Glasenapp 2021, 19 ff.).

Eine Selbstregulation der Betroffenen wird gefördert, indem eine unterstützende Beziehungserfahrung innerhalb der professionellen Zusammenarbeit gemacht werden kann (vgl. Nicolaisen 2019, 29). Oftmals stellt die Möglichkeit, Emotionen im professionellen Rahmen zu thematisieren, bereits eine wichtige Entlastung für die Klient*innen dar (weiterführend Saarni 2002).

> **Gut zu merken**
>
> Eine gelingende professionelle Beziehung stellt einen guten Rahmen dar, um als Fachkraft bei der Emotionsregulation zu unterstützen und Selbstregulation mit den Betroffenen zu trainieren.

Für viele Menschen ist es nicht einfach, sich ihrer Emotionen bewusst zu werden und diese zu benennen, sondern häufig bleibt es auf der Ebene der auslösenden Situation, die geschildert wird. Die Fähigkeit, das eigene Erleben wahrzunehmen und zu verbalisieren, ist jedoch eine wichtige Grundlage, um angemessen auf die ausgelöste Emotion reagieren zu können (vgl. Nicolaisen 2019, 20). Dementsprechend besteht ein wichtiges Vorgehen der Fachkräfte in der Unterstützung zur *Verbalisierung von Emotionen* durch Klient*innen als erster Schritt zur Emotionsregulation. Als weiterer relevanter Aspekt zur Ermöglichung des Zugangs zu eigenen Emotionen ist die Bedeutung des Kontexts zu nennen, der innerhalb der Arbeitsbeziehung geschaffen wird. Gelingt es der Fachkraft, einen Kontext zu kreieren, der Klient*innen zu einer Auseinandersetzung mit eigenen Emotionen und den dahinterliegenden Bedürfnissen einlädt (z. B. durch Fragen, die zur Selbstreflexion und zur Erkundung eigener Bedürfnisse anregen), kann der Umgang mit Emotionen reflektiert und verändert werden (vgl. Keil & Stumm 2018, 84). Wenig verwunderlich erscheint daher die Feststellung, dass ein solches Setting sich beziehungsförderlich auswirkt, da Klient*innen sich als selbstwirksam erleben und wahrnehmen, dass sie eine stärkere Kontrolle über Situationen und das eigene Verhalten erlangen sowie Bewältigungskompetenzen entwickeln oder reaktivieren (vgl. Sickendiek, Engel & Nestmann 2008, 13 ff.). Gleichzeitig stellen das Ansprechen und Thematisieren von Emotionen und deren Regulation zwischen Fachkraft und Klient*in eine Einladung dar, sich als Klient*in authentisch zu zeigen und damit auf ehrliches Interesse am eigenen Erleben und Empfinden seitens der Fachkraft zu stoßen. Neigen Klient*innen zu einer Unterregulation eigener Emotionen, führt dies nicht selten zu Angriffen, Vorwürfen oder Provokationen. Gelingt es der Fachkraft, sich gemeinsam mit dem*der Klient*in auf das hinter der Emotion liegende Bedürfnis zu fokussieren, indem die Fachkraft einen dahingehenden Reflexionsprozess unterstützt, erfährt die Beziehung eine Stabilisierung, da auch vermeintlich beziehungsschädliche Verhaltensweisen der Klient*innen deeskalierend aufgefangen werden können.

Praxisbeispiel

Eine Klientin besucht eine berufliche Integrationsmaßnahme und wird durch die Fachkraft darauf hingewiesen, dass ihr aufgrund wiederholter Nichteinhaltung von Absprachen Negativkonsequenzen wie Kürzungen ihrer finanziellen Unterstützung bis hin zur Beendigung der Integrationsmaßnahme drohen. Die Klientin wird laut und schreit die Fachkraft an:»Sie haben doch überhaupt keine Ahnung, wie das ist, wenn ständig alle an einem ziehen und jeder was von einem will. Und immer hängt die Drohung im Raum: Wenn Sie nicht das und das machen, dann kriegen Sie kein Geld mehr! Ich hab da keine Lust mehr drauf!« Statt sich auf den verbalen Angriff der Klientin einzulassen, reagiert die Fachkraft, indem Sie zu der Klientin sagt: »Das klingt, als seien Sie wütend, weil Sie sich in die Enge gedrängt und ungerecht behandelt fühlen? Was brauchen Sie, damit Sie wieder das Gefühl haben, dass mit Ihnen gut umgegangen wird?«

Hier wird deutlich, wie es der Fachkraft gelingt, die Gesprächsführung in Richtung der nicht erfüllten Bedürfnisse der Klientin zu lenken, die zu der Wut geführt haben, und ein Angebot zu machen, die Situation und das Vorgehen gemeinsam mit der Klientin so zu adaptieren, dass diese ihre Bedürfnisse stärker erfüllt sieht. Gleichzeitig bietet die Fachkraft einen Kontext, um über Emotionen der Klientin wertschätzend ins Gespräch zu kommen, diese ernst zu nehmen und ggf. bei der Regulation der Emotionen zu unterstützen.

Praxistipp!

Um andere in der Affekt- und Emotionsregulation zu unterstützen, ist es wichtig, sich selbst als Fachkraft gut regulieren zu können. Hierzu ist es hilfreich, sich bewusst zu machen, mittels welcher Strategien dies in schwierigen Situationen gelingt, um diese bei Bedarf anwenden zu können. Außerdem unterstützt eine Fokussierung auf das Erleben des Gegenübers den Prozess der Regulation.

2.3 Gestaltung des Settings

Ein wichtiger und oft wenig berücksichtigter Aspekt im Rahmen der Beziehungsgestaltung ist die Gestaltung des Settings. Mit Setting sind in diesem Kontext alle Faktoren gemeint, die von außen Einfluss auf die Beziehungsgestaltung nehmen. Die Frage, wie die Fachkraft Klient*innen begegnet, in welcher Atmosphäre dies geschieht, welche Orte für Gespräche gewählt werden und wie das Gesprächssetting gestaltet wird, nimmt in hohem Maße Einfluss auf das Erleben der Beteiligten. Oftmals sind hier zunächst als nebensächlich erscheinende Aspekte ausschlaggebend wie bspw. ein störungsfreier, gemütlicher Raum, der als Wertschätzung der Wichtigkeit des Gesprächs dienen kann, die Positionierung der Stühle im Raum, das Angebot eines Getränks sowie das Auftreten gegenüber der Klientel wie bspw. die Auswahl der Kleidung.

Praxistipp!

Als Fachkraft ist es hilfreich, hin und wieder bewusst das eigene Setting, in dem professionelle Beziehungen gestaltet werden, mit den Augen der Klient*innen zu betrachten, um Veränderungen, die der Beziehungsgestaltung dienlich sein könnten, zu ermöglichen und ›Betriebsblindheit‹ vorzubeugen.

So schilderten bspw. Klient*innen, die im Rahmen eines Forschungsprojekts zur Beziehungsgestaltung in Beratungen an einem psychosozialen

Beratungsprozess teilnahmen, Assoziationen zu Schule innerhalb der Arbeitsbeziehung zu ihren Berater*innen. Als ausschlaggebende Punkte wurden hier u. a. die Materialnutzung (Flipchart und Moderationskarten) benannt, die an schulisches Material erinnerten, sowie einige Fragestellungen der Berater*innen, die bei den Klient*innen den Eindruck erweckten, als müssten sie die richtige Antwort geben, was vereinzelt Druck erzeugte (vgl. Best 2020a, 264 ff.; Best 2020b).

Gut zu merken

Ein Augenmerk auf scheinbar nebensächliche Aspekte im Rahmen der Beziehungsgestaltung ermöglicht die Gestaltung eines beziehungsförderlichen Settings mit den Beteiligten.

Ein weiteres Ergebnis innerhalb des Forschungsprojekts war die Bedeutung des Verhaltens der Fachkräfte zwischen den eigentlichen Beratungssitzungen für das Erleben der Beziehungsgestaltung während der Gespräche. Beispielsweise beeinflusste das Verhalten der Fachkräfte auf dem Flur, die Gestaltung von Wartezeiten, die Verabschiedung nach dem Gespräch und die Kommunikation (z. B. per Mail oder Telefon) zwischen den Terminen in hohem Maße das subjektive Erleben der Klient*innen (vgl. Best 2020a, 275 ff.). Anhand dieser Beispiele wird deutlich, dass oftmals vermeintliche Kleinigkeiten maßgeblich dafür sind, wie die Arbeitsbeziehung erlebt und bewertet wird. Hier gelten die vorher beschriebenen Merkmale wie Echtheit und Wertschätzung in jeder Form des Kontakts, denen oftmals außerhalb der unmittelbaren Zusammenarbeit im Gesprächssetting weniger Bewusstsein geschenkt wird.

Praxisbeispiel

Eine Fachkraft in einer Familienberatungsstelle hat einen sehr vollen Terminplan. Ein Elternpaar sitzt bereits seit einiger Zeit auf dem Flur und wartet auf das vereinbarte Gespräch. Die Fachkraft verlässt mehrfach den Beratungsraum, um etwas zu holen und eilt dabei schnellen Schrittes an dem Elternpaar vorbei, grüßt dabei beiläufig. Als sie das

2.3 Gestaltung des Settings

Elternpaar in den Raum bitten möchte, klingelt im Raum das Telefon, sie gibt dem Paar nonverbal ein Signal, doch noch kurz auf dem Flur zu warten, schließt die Tür, nimmt das Telefonat entgegen und sagt zu der Klientin am Telefon: »Das haben Sie aber einen ganz blöden Moment erwischt, um anzurufen. Ich bin total im Stress. Ich melde mich nächste Tage bei Ihnen.«

Die Situation ist aus dem Zeitdruck und Stress der Fachkraft heraus gut nachzuvollziehen. Gleichzeitig führt dieses Verhalten gleich an zwei Stellen zu Irritationen. Das wartende Elternpaar nimmt ggf. die Fachkraft, die sie im Rahmen der Gespräche als sehr zugewandt und einfühlsam erlebt haben, in der Flursituation als unhöflich und desinteressiert wahr und fühlt sich durch die Wartezeit und die nonverbale Zurückweisung an der Tür wenig wertschätzend behandelt. Es könnte der Eindruck entstehen, dass die zuvor als sehr zugewandte Haltung der Fachkraft hinsichtlich ihrer Echtheit in Frage gestellt wird, weil das Elternpaar die Fachkraft in dieser Situation auf ganz andere Weise erlebt. Die anrufende Person findet mit ihrem Anliegen in dem Moment kein Gehör und erhält den Hinweis, zum falschen Zeitpunkt angerufen zu haben. Einerseits tritt die Fachkraft hier sehr authentisch auf, indem sie preisgibt, gestresst zu sein, andererseits betont sie in dieser Situation eher ihr eigenes (nicht erfülltes) Bedürfnis, anstatt sich auf die anrufende Person zu fokussieren. Somit führt diese Tür- und Angel-Situation unter Umständen gleich bei mehreren Beteiligten zu einer Irritation der Beziehung, die sich ggf. in der Folge auch innerhalb der eigentlichen Beratungsgespräche auswirken könnte.

Die Gestaltung des Settings gewinnt insbesondere dann an Bedeutung, wenn Fachkräfte aufsuchende Hilfe leisten und damit hinsichtlich der Rahmenbedingungen der Beziehungsgestaltung wenig Einfluss nehmen können, da sie sich draußen oder in den Räumlichkeiten der Klient*innen befinden. Sie müssen auf Überraschungen gefasst sein, insbesondere wenn es sich um erstmalige Kontakte handelt. Hier können verdreckte oder sehr unaufgeräumte Räumlichkeiten, Störungen durch andere Personen, Tiere oder Außeneinflüsse die Gestaltung eines beziehungsförderlichen Settings erschweren. Dies gilt auch bei digitalen Kontaktaufnahmen wie Telefongesprächen oder Videoberatungen, in denen die Fachkräfte nur einseitig die Gestaltung des Settings beeinflussen können, bspw. indem sie sich selbst eine gute Gesprächsatmosphäre schaffen, gleichzeitig aber hinnehmen müssen, dass die Klient*innen sich in lauten Umgebungen aufhalten oder das räumliche Setting sehr unruhig oder ungepflegt ist.

Praxistipp!

Das Setting unterliegt oft nur teilweise dem Einfluss der Fachkraft. Störende oder unangenehme Bedingungen hinsichtlich des Settings sollten thematisiert werden, um einerseits Lösungen für den Umgang zu finden und andererseits einen negativen Einfluss auf die professionelle Beziehung zu reduzieren.

Hier bietet es sich an, das Setting im Sinne einer Metakommunikation bei Bedarf zu thematisieren und sich als Fachkraft rückzuversichern, inwiefern bspw. ein*e Klient*in sich in der Umgebung gerade wohlfühlt oder sich konzentrieren kann, potentielle Störungen anzusprechen und gemeinsam Lösungen zu finden, wie mit diesen umgegangen werden soll, bspw. wenn Fachkraft und Klient*in telefonieren, während sich die Kinder der Familie im gleichen Raum aufhalten.

Auf den Punkt gebracht

Während Kommunikation eher Mitteilungen in den Blick nimmt, beinhaltet Interaktion die Steuerung sozialer Interaktionen. Durch Kommunikation und Interaktion wird Beziehung sichtbar und Intensität sowie Qualität der Beziehung werden beobachtbar. Beziehungen werden dadurch rekonstruiert, gesteuert und aktiv gestaltet. Kommunikation und Interaktion bringen die Herausforderung mit sich, dass sie durchgehend und oftmals unbewusst stattfinden, gleichzeitig aber andauernd interpretiert werden.

Innerhalb der Kommunikation unterscheidet man verbale, paraverbale und nonverbale Anteile. Hierbei dienen paraverbale und nonverbale Elemente insbesondere der Interpretation der Verbalsprache. Metakommunikation bezeichnet die Auseinandersetzung über die

Kommunikation sowie deren Thematisierung im Gespräch und wird zur Reduktion von Irritationen und zur Verbesserung der Beziehung eingesetzt.

Innerhalb der Interaktion sind Bestätigungen, Enttäuschungen, Erwartungen und Gefühle besonders relevante einflussnehmende Faktoren. Interaktionen können komplementär (gegensätzlich) und symmetrisch (spiegelbildlich) sein, wobei das Verhalten der Interagierenden sich jeweils gegenseitig bedingt. Synchronisation von Interaktionen wirkt sich beziehungsförderlich aus, diese kann bewusst oder intuitiv zum Einsatz kommen und wird als Rapport bezeichnet.

Professionelle Beziehungen bewegen sich in einem Spannungsfeld von Nähe und Distanz, das durch die Fachkräfte ausbalanciert und gemeinsam mit Klient*innen ausgehandelt werden sollte. Eine stabile professionelle Beziehung ermöglicht außerdem die Unterstützung in der Affekt- und Emotionsregulation.

Durch die Gestaltung des Settings können Fachkräfte in erheblichem Maße Einfluss auf die Beziehung zur Klientel nehmen. Hierzu gehören neben der Raumgestaltung der Einsatz von Material und Methoden sowie das Auftreten der Fachkraft.

Reflexionsfragen

- Achten Sie in kommenden Gesprächssituationen einmal bewusst auf die Interaktion und Kommunikation:
  - Woran machen Sie die Beziehungsqualität fest?
  - Was hilft Ihnen, das Verhalten Ihres Gegenübers zu interpretieren?
- Synchronisieren Sie einmal bewusst die Interaktion mit Ihrem Gegenüber (z. B. durch Angleichen der Körperhaltung, des Tempos oder der Stimme und Lautstärke). Wie fühlt es sich für Sie an und welche Auswirkungen erleben Sie im Miteinander?
- Wie nehmen Sie die Aushandlung von Nähe und Distanz mit Ihrem Gegenüber vor? Welches Vorgehen ist dabei für Sie besonders hilfreich?

- Welche Aspekte in Bezug auf die Gestaltung des Settings sind Ihnen wichtig? Welche Veränderungen könnten ggf. hinsichtlich des Settings hilfreich sein?

Weiterführende Literatur

Best, Laura (2020a): Nähe und Distanz in der Beratung. Die Beziehungsgestaltung aus der Perspektive der Adressaten. Wiesbaden: Springer.

Dörr, Margret & Müller, Burkhard (Hrsg.) (2012): Nähe und Distanz – Ein Spannungsfeld pädagogischer Professionalität (3., akt. Aufl.). Weinheim & Basel: Beltz Juventa.

Khabyuk, Olexiy (2019): Kommunikationsmodelle. Grundlagen – Anwendungsfelder – Grenzen. Stuttgart: Kohlhammer.

3 Kontext- und klientelabhängige Spannungsfelder in der Beziehungsgestaltung

> ### ☞ Überblick
>
> In diesem Kapitel werden spezifische Spannungsverhältnisse mit Einfluss auf die Beziehungsgestaltung dargestellt. Diese entstehen insbesondere, wenn Fachkräfte mit einem doppelten Mandat agieren oder mit verschiedenen und sich teils widersprechenden Aufträgen umgehen müssen. Ein weiteres Spannungsfeld für die Beziehungsgestaltung können klientelspezifische Herausforderungen wie negative Beziehungserfahrungen in der Biographie oder psychische Erkrankungen mit Auswirkungen auf die Beziehung sein, die in diesem Kapitel hinsichtlich des Vorgehens der Fachkräfte dargestellt werden.

3.1 Hilfe und Kontrolle

»Die SozialarbeiterInnen gestalten ihre Rolle in der Ambiguität zwischen Hilfe und Kontrolle. Sie unterliegen dem sogenannten doppelten Mandat. Sie sind doppelt loyal, einerseits loyal kontrollierend im Sinne der Normen der Gesellschaft und andererseits loyal helfend im Sinne des Wohls der KlientInnen« (Riegler 2016, 118; s. Exkurs: Doppelmandat/Tripelmandat).

Exkurs: Doppelmandat/Tripelmandat

Innerhalb der Sozialen Arbeit nehmen die Fachkräfte unterschiedliche Mandate ein, erfüllen also verschiedene und zum Teil widersprüchliche Aufträge unterschiedlicher Beteiligter. Das doppelte Mandat beinhaltet einen gesellschaftlichen Auftrag einerseits und einen Auftrag des*der Klient*in andererseits. Dies kann bspw. dazu führen, eine Unterstützungsleistung für Betroffene anzubieten und gleichzeitig die Umsetzung von Veränderungen oder der Mitarbeit zu kontrollieren, während die Wünsche und Bedürfnisse der Klient*innen im Rahmen der Möglichkeiten Berücksichtigung finden sollen (vgl. Heiner 2004, 28). Als weitere Herausforderung kommt ein dritter Aspekt neben der gesellschaftlichen Verpflichtung und der Loyalität gegenüber der Klientel hinzu: Die Soziale Arbeit muss den Interessen ihrer eigenen Profession im Sinne einer Menschenrechtsprofession genügen. Dieser dritte Aspekt wird mit der Begrifflichkeit des Tripelmandats inkludiert (vgl. Staub-Bernasconi 2019, 83 ff.) und kann als vermittelnder Faktor zwischen den Aufträgen der Klient*innen und denen der Gesellschaft verstanden werden (ausführlich dazu: Bieker 2022).

Anhand des Zitats wird verdeutlicht, in welchem Spannungsfeld sich Fachkräfte bewegen und dass dies Auswirkungen auf die Ausgestaltung der professionellen Rolle und Beziehungsgestaltung hat. Üben Fachkräfte ein Kontrollmandat aus, wird immer die Autonomie der Klient*innen in irgendeiner Form eingeschränkt. Es erfolgt ein Eingriff in die Lebensführung der Betroffenen ohne deren Zustimmung oder auch gegen deren Willen. Gleichzeitig ist es immer das Ziel, eine tragfähige Beziehung aufzubauen, um eine Kooperation zu ermöglichen und das Engagement für eine Veränderung der aktuellen Problemsituation zu erhöhen (vgl. Müller 2018, 293 ff.). Diese Dynamik aus Einschränkung der persönlichen Freiheit bei gleichzeitigem Versuch, eine gelingende Arbeitsbeziehung aufzubauen, stellt sich als besonders herausfordernd dar.

Gut zu merken

Grundsätzlich schließt sich eine kooperative Beziehung auch bei Einschränkung der persönlichen Freiheit nicht aus. Allerdings wird oftmals eine stärkere Arbeit an der Beziehung notwendig, um ein tragfähiges Arbeitsbündnis zu entwickeln.

Praxisbeispiel

Eine Mitarbeiterin des ASD beim Jugendamt betreut eine Familie, in der es wiederholt Meldungen einer möglichen Kindeswohlgefährdung des vierjährigen Sohns gegeben hat. Nach eingehender Beratung mit dem Team und Rücksprache mit der Vorgesetzten fährt die Mitarbeiterin zusammen mit einem Kollegen zum Wohnsitz der Familie, um den Sohn in Obhut zu nehmen. Die Eltern reagieren aggressiv und ohne Verständnis für die Situation, beschimpfen die Mitarbeiterin und ihren Kollegen, so dass sie die Polizei hinzurufen, um das Kind in Obhut nehmen zu können. Nachdem sich die Situation etwas beruhigt hat, setzt sich die Fachkraft mit den Eltern zusammen und bespricht mit ihnen, welche Veränderungen in der Familie vorgenommen werden müssen, damit der Sohn so bald wie möglich rückgeführt werden kann.

Hier zeigt sich besonders deutlich die Diskrepanz in den Rollen der Fachkraft, einerseits den Schutz des Kindes zu gewährleisten und dafür gegen den Willen der Eltern das Kind aus der Familie zu nehmen und gleichzeitig im Sinne der Familie Überlegungen mit den Eltern anzustellen, wie dort Veränderungen ermöglicht werden können, um eine Kindeswohlgefährdung abzuwenden und das Kind wieder in die Familie rückführen zu können. Man kann sich gut vorstellen, dass diese Diskrepanz nicht nur für die Fachkräfte, sondern ebenso für die Betroffenen Schwierigkeiten mit sich bringt, insbesondere da die Fachkraft mehrere Rollen innehat und mit den unterschiedlichen Rollen auch eine veränderte Interaktion und Beziehungsgestaltung einhergehen kann. Im Rahmen der professionellen Beziehung Kontrolle auszuüben, gehört vielfach zu den Aufgaben der Fachkräfte und führt zu einer (zumindest punktuellen)

Asymmetrie innerhalb der Arbeitsbeziehung. Diese Asymmetrie kann durch eine möglichst intensive Partizipation der Beteiligten und ein generell aushandlungsorientiertes Vorgehen im Prozess relativiert werden (vgl. Heiner 2004, 146).

> **Praxistipp!**
>
> Entstehende Asymmetrien in der Beziehung zur Klientel sollten durch ein möglichst großes Maß an Beteiligung der Betroffenen im Prozess ausgeglichen werden.

Soziale Arbeit in Zwangskontexten stellt eine besondere Herausforderung an die Gesprächsführung dar, um im besten Fall einen Beziehungsaufbau zu gewährleisten, auf dessen Basis im Verlauf der Begleitung Freiwilligkeit und Kooperation überhaupt erst möglich werden. Wenn Menschen unfreiwillig zur Klientel Sozialer Arbeit werden, weil sie bspw. durch Angehörige geschickt werden oder auf Druck von Institutionen oder Behörden Hilfe in Anspruch nehmen müssen, gerät die Beziehungsgestaltung oftmals an ihre Grenzen. Ein besonders für die Arbeit in unfreiwilligen Kontexten der Sozialen Arbeit relevantes Konzept soll nachfolgend kurz skizziert werden: Die Systemische Arbeit in Zwangskontexten nach Conen und Cecchin wurde in den 1990er Jahren etabliert. Sie basiert auf der Grundidee, Unfreiwilligkeit nicht als Problem-, sondern als Lösungsverhalten zu sehen, soziale Kontrolle, Zwang und Eingriff zu akzeptieren und gleichzeitig konstruktiv, respektvoll und neutral mit den Klient*innen zu arbeiten (vgl. Widulle 2020. 140f.). Dies bedeutet insbesondere, dass Klient*innen darin unterstützt werden, ihre Möglichkeiten zur Einflussnahme innerhalb des Zwangskontexts zu erkennen und dadurch eigene Interessen vertreten zu können. Die Helfer*innen werden dadurch zum Hilfsmittel der Klient*innen, um sich so zu verändern, dass die Zusammenarbeit mit dem Helfer*innen-System beendet werden kann (vgl. Conen & Cecchin 2022, 110f.).

3.1 Hilfe und Kontrolle

> **Gut zu merken**
>
> Akzeptanz der Unfreiwilligkeit sowie die Zuschreibung der Unfreiwilligkeit als Lösungsverhalten der Betroffenen hilft dabei, auch im Zwangskontext konstruktive Beziehungen aufzubauen, die eine Zusammenarbeit ermöglichen.

Eine Beziehung im Zwangskontext basiert nicht auf Vertrauen, wodurch es zu einer Konflikthaftigkeit – mindestens im Bereich der unterschiedlichen Interessen – kommen kann. Es entsteht weiterhin ein Widerspruch, indem Freiheiten vorübergehend beschnitten werden, um letztlich die Unabhängigkeit von Klient*innen zu unterstützen (vgl. ebd., 109 f.). Um die Kooperationsbereitschaft der Klient*innen innerhalb des Zwangskontexts zu steigern und Beziehung zu fördern, helfen Faktoren wie die Fokussetzung auf die Hoffnung auf Veränderung, Respekt vor der Problemsicht der Betroffenen verbunden mit einer hohen Transparenz für Auflagen und Sichtweisen der Fachkraft, Beachtung von Motiven und Zielen der Klient*innen, das Normalisieren von Reaktanz der Betroffenen als nachvollziehbare Reaktion, das Aufzeigen von Handlungs- und Entscheidungsspielräumen zur Verminderung der Hilflosigkeitsgefühle sowie die Würdigung von positiven Veränderungen (vgl. Widulle 2020, 145 f.).

> **Praxistipp!**
>
> Gerade in professionellen Beziehungen, die auf Unfreiwilligkeit der Klient*innen aufbauen, ist es wichtig, dass Fachkräfte wo immer möglich den Betroffenen Spielräume für eigene Entscheidungen und Handlungen aufzeigen und die Personen in größtmöglichem Maße im Prozess partizipieren.

In Arbeitsbeziehungen zwischen Fachkräften und Klient*innen, die durch Unfreiwilligkeit und/oder Kontrolle geprägt sind, kann auch durch einen Aushandlungsprozess hinsichtlich der Beziehung die strukturelle Asymmetrie nicht gänzlich aufgelöst werden (vgl. Galuske 2018, 1001; weiterführend Klug 2014), dennoch sollten Fachkräfte gerade unfreiwillige Klientel in ihrer Partizipation am Prozess unterstützen (vgl. Conen & Cecchin 2022, 110). Aufgrund der eben beschriebenen Besonderheiten sind professionelle Beziehungen zwischen Klient*innen und Fachkräften in der Sozialen Arbeit nicht jenseits sämtlicher Machtstrukturen denkbar, es besteht aber die Möglichkeit, einen ethisch vertretbaren Umgang mit Macht und Kontrolle zu finden, indem eine Ausnutzung der Macht oder Funktionalisierung der Klient*innen verhindert wird (vgl. Sundermann 2020, 61) und das Verstehen im Sinne einer reflektierten Arbeitsmethodik (vgl. Baumann 2012, 181) eingesetzt wird.

Praxisbeispiel

Einem Schulsozialarbeiter fällt zum wiederholten Mal ein siebenjähriges Kind auf, das in der Schule auffälliges Verhalten zeigt, indem es sehr in sich gekehrt und verschüchtert wirkt und sich sozial isoliert. Der Schulsozialarbeiter hält Rücksprache mit Lehrkräften, wie diese das Mädchen im Alltag wahrnehmen und erhält durch den Sportlehrer die Rückmeldung, dass er schon mehrfach blaue Flecken bei dem Kind gesehen habe, dieses auf Rückfrage aber immer versichert habe, sich beim Spielen gestoßen zu haben. Mehrfache Versuche, die Eltern telefonisch zu erreichen, scheitern, so dass der Schulsozialarbeiter beschließt, die Eltern per Post anzuschreiben und um einen Termin zu bitten. Als dieser Termin nach einiger Zeit zustande kommt, zeigen sich die Eltern uneinsichtig und nehmen eine abwehrende Haltung ein. Der Schulsozialarbeiter versucht zunächst, die subjektiven Sichtweisen der Eltern zu erfragen und herauszuarbeiten, mit welchen Belastungen die Familie ggf. konfrontiert ist. Bei ihm erhärtet sich der Verdacht, dass zu Hause Gewalt gegen das Kind ausgeübt wird, insbesondere wird er skeptisch, als der Vater des Mädchens sich auch ihm gegenüber kaum beherrschen kann, laut und vorwurfsvoll wird und sich bedrohlich vor ihm aufbaut. Er teilt den Eltern mit, dass er das Jugendamt hinzuziehen möchte, um sicherzugehen, dass es dem Kind zu Hause gut gehe, stellt den Eltern aber zur Wahl, selbst Kontakt mit der Fachkraft des Jugendamts aufzunehmen, alternativ werde er dies übernehmen. Nach einigen Auseinandersetzungen sichern die Eltern zu, sich selbst beim Jugendamt zu melden.

An diesem Beispiel wird deutlich, dass Kontrolle eine wichtige Rolle in der Sozialen Arbeit spielen kann und Fachkräfte daher bewusst und reflektiert mit dem Ausüben von Kontrolle umgehen sollten. Kontrolle auszuüben, birgt ein hohes Eskalationspotential, weil Betroffene sich ggf. in die Enge gedrängt und in ihrer Autonomie beschnitten fühlen können. Eine transparente Darstellung der Beweg- und Hintergründe für die Ausübung der Kontrolle sowie das Erklären des eigenen Vorgehens im Rahmen der professionellen Rolle können hier deeskalierend wirken, insbesondere dann, wenn den Betroffenen das Gefühl vermittelt werden kann, dass die Kontrolle nicht individuell und willkürlich gegen sie und in personam durch die Fachkraft, sondern vielmehr durch die Fachkraft in ihrer Rolle und aufgrund allgemeingültiger Vorgaben und Regeln ausgeübt wird. Kontrolle hängt eng zusammen mit Macht. Daher wird dem Phänomen der Macht und Entmachtung im Kontext der Sozialen Arbeit im nächsten Abschnitt Aufmerksamkeit geschenkt.

3.2 Unterstützung und Entmachtung

»Mit Blick auf die Interaktion zwischen Fachkräften und Adressat*innen der Sozialen Arbeit stellt sich bezüglich der Wirksamkeit von Interventionen einerseits und der Autonomie der Adressat*innen andererseits grundlegend die Frage nach dem Phänomen der Macht« (Kraus 2021, 91 f.).

Der Begriff Macht findet sich im Kontext Sozialer Arbeit an vielfältigen Stellen und stellt oftmals ein Spannungsfeld zwischen Machteingriff durch Fachkräfte und der Selbstermächtigung der Klient*innen im Sinne des Empowerments dar (s. Exkurs: Empowerment). Anders als zunächst vielleicht angenommen, schließt der Machteingriff nicht aus, grundlegend das Ziel der Selbstermächtigung oder des Empowerments der Klient*innen zu verfolgen.

3 Kontext- und klientelabhängige Spannungsfelder

Exkurs: Empowerment

Der Begriff Empowerment kann übersetzt werden mit Ermächtigung, Selbstbefähigung, Übernahme der Selbstverantwortung oder Autonomie. Der US-amerikanische Psychologe Julian Rappaport hat diesen Begriff im Kontext der Sozialen Arbeit und Sozialpsychiatrie als gemeindepsychologisches Konzept geprägt. »Die Grundannahme des Empowerments liegt darin, dass die Machtverteilung innerhalb einer Gesellschaft maßgeblich zur Entstehung von menschlichem Leid und gesellschaftlichen Problemen beiträgt und deshalb eine Veränderung der Machtverhältnisse Gegenstand psychosozialer Arbeit sein muss« (Seckinger 2018, 307). Auf individueller Ebene bedeutet Empowerment, als Person über genügend Kraft und Ressourcen zu verfügen, um die Eigenverantwortung für ein besseres oder erfüllteres Leben zu übernehmen und dabei selbst Maßstäbe zu setzen, was ein besseres oder erfüllteres Leben ausmacht. Hinzu kommen die Bewältigung und Selbstorganisation des eigenen Lebens (vgl. Herriger 2020, 13 ff.).

Die Umsetzung des Empowerment-Ansatzes beinhaltet u. a. eine starke Orientierung an den Ressourcen der Betroffenen sowie ausgeprägte Netzwerkarbeit und die Beteiligung von Klient*innen (weiterführend Rappaport 1987; Lenz 2002; Herriger 2020).

Gut zu merken

Ein Machteingriff schließt Selbstermächtigung der Klientel nicht aus. Dieses Ziel sollte trotz Machteingriffs weiterhin verfolgt werden.

Für die Beziehungsgestaltung ist Macht ein wichtiger Einflussfaktor, denn Macht und Machtverhältnisse gestalten Beziehungen mit. Die Verteilung von Macht hängt maßgeblich von den in die Beziehung eingebrachten Ressourcen ab und kann somit variieren. Eine starke Ausübung von Macht und sozial kontrollierendem Verhalten wirkt sich nachteilig auf die Beziehungsqualität aus. Daher ist die Forderung nach Nondirektivität in der Beziehung zur Klientel im Sinne eines Verzichts auf die Ausübung von sozialer Kontrolle bei notwendiger Prozessdirektivität (vgl. Ritz-Schulte 2004, 47) sehr nachvollziehbar (weiterführend Rogers 1987).

Ein wichtiger Gedanke hierzu ist die Entmachtung von Klient*innen durch eine falsch verstandene Form der Unterstützung. Indem die Fachkraft als Dauer-Unterstützer*in der Klientel fungiert, nimmt sie den Beteiligten die Chance, selbst in eine machtvolle Position zu gelangen und für sich selbst und eigene Anliegen machtvoll einzustehen. Falsch verstandene Unterstützung kann vielmehr zu einer Entmachtung der Betroffenen führen, indem sie sich dauerhaft als abhängig und hilfebedürftig erleben. Unterstützung sollte also immer als Hilfe zur Selbsthilfe verstanden werden und nicht als dauerhaft angelegte Verantwortungsübernahme für die betroffene Person (vgl. Herriger 2020, 57 ff.; Bieker 2022, 37 ff.).

Praxistipp!

Fachkräfte sollten der Klientel immer die Möglichkeit eröffnen, möglichst eigeninitiativ und selbstermächtigend zu handeln. Auch wenn dies zunächst herausfordernder und langwieriger wirkt, hilft es den Betroffenen, die Verantwortung für ihr Handeln selbst zu übernehmen und damit unabhängiger von externer Hilfe zu werden.

Praxisbeispiel

Ein Mitarbeiter einer Einrichtung für Betreutes Wohnen führt seine Tätigkeit mit voller Leidenschaft für die Bewohner*innen aus. Er berichtet in einer Supervision stolz: »Ich bin immer für meine Bewohner*innen erreichbar, Tag und Nacht. Das macht mir nichts aus. Wenn sie was brauchen, wissen sie, dass ich immer für sie da bin. Ich habe zum Beispiel vor einigen Wochen meinen Kleiderschrank aussortiert und den Bewohnern Kleidung von mir mitgebracht. Ein Klient nutzt am Wochenende auch manchmal mein Auto, wenn ich es nicht brauche. Ich gebe echt alles für die Bewohner*innen.«

Diese gut gemeinte Unterstützung führt unter Umständen dazu, dass die Bewohner*innen des Betreuten Wohnens in ihrem Gefühl, dauerhaft auf professionelle Hilfe angewiesen zu sein, bestärkt werden. Die Unterstützung ist aus der Perspektive der Betroffenen einfach zu erhalten und dadurch naheliegender als Angebote, die förderlicher für die Selbstwirksamkeit und das Empowerment wären. Dadurch macht der Mitarbeiter sich für die Bewohner*innen unverzichtbar und fördert Abhängigkeit, anstatt die Bewohner*innen dabei zu unterstützen, mittel- oder langfristig ein eigenständiges Leben ohne oder mit reduziertem externen Hilfebedarf zu führen. Anhand dieses Beispiels kann auch noch einmal deutlich gemacht werden, welchen Gewinn der Mitarbeiter auf Beziehungsebene aus seinem Verhalten zieht. Durch seine Angebote macht er sich beliebt und erhält Anerkennung. Hierdurch bedient er eigene Beziehungsbedürfnisse, leistet für die Betroffenen aber nur vordergründig eine wertvolle Unterstützung. Diesem Gedanken folgend kann es Aufgabe der Sozialarbeiter*innen sein, im Sinne der Klientel bewusst Entscheidungen zu treffen, die nicht in erster Linie Beziehungsbedürfnisse beider Seiten erfüllen, sondern einen Beitrag dazu leisten, dass Klient*innen mittel- und langfristig unabhängiger vom Hilfesystem werden (weiterführend Best 2020a, 287 ff.). Die Balance zwischen Einflussnahme und Zurückhaltung sowie Unterstützung und Anforderungen sollte demnach flexibel und orientiert am Einzelfall der Klient*innen gefunden werden, um gelingende Beziehungen im Sinne der Klientel zu fördern (vgl. Heiner 2004, 146).

3.3 Negative Beziehungserfahrungen und destruktive Beziehungsmuster

Zu Beginn dieses Buches wurde erläutert, dass Beziehungs- und Bindungserfahrungen in der frühen Kindheit großen Einfluss darauf haben, wie Beziehungen im Erwachsenenalter erlebt und gestaltet werden und dass Soziale Arbeit eine Chance darstellt, durch die Zusammenarbeit mit Professionellen korrigierende, positive Beziehungserfahrungen zu machen. Einschränkend wurde in diesem Zusammenhang schon benannt,

3.3 Negative Beziehungserfahrungen und destruktive Beziehungsmuster

dass dies nur möglich wird, wenn die Beteiligten bereit sind, sich trotz vorherrschender Negativerfahrungen erneut auf eine Beziehung zur Fachkraft einzulassen. In diesem Zusammenhang sind beispielhaft die sogenannten Systemsprenger*innen zu nennen, die bereits als Kinder oder Jugendliche durch ihr massiv auffälliges Verhalten im Hilfesystem anecken. Diese jungen Menschen haben oftmals einen bereits durch massive Belastungen, Konflikte und negative Beziehungserfahrungen zu den Eltern gekennzeichneten Lebenslauf, in dem sie viele Enttäuschungen, Verunsicherungen sowie oftmals auch Vernachlässigung und Missbrauch erlebt haben. Die damit einhergehenden Ambivalenzen und Diskontinuitätserfahrungen werden in das Hilfesystem mitgebracht (vgl. Bolz, Albers & Baumann 2019, 298 ff.). Nicht selten wählen Kinder und Jugendliche mit biographischen Erfahrungen der Vernachlässigung, Zurückweisung und Unzuverlässigkeit der Bezugspersonen Strategien wie selbstgewählte Isolation, Ablehnung von Kontakt oder scheinbare Gleichgültigkeit, da für sie das Eingehen einer zwischenmenschlichen Beziehung mit dem Risiko einer erneuten Enttäuschung verbunden ist. Hieraus resultieren außerdem störende und auffällige Verhaltensweisen wie die übergroße Suche nach Nähe oder ausbrechende Wut (vgl. ebd., 301). Bolz et al. beschreiben in diesem Zusammenhang das Konzept des »aktiven Aushaltens«. Dieses beinhaltet einen verständnisvollen und verstehenden Blick auf die zunächst destruktiv wirkenden Beziehungsangebote der Kinder und Jugendlichen mit der Idee, diese als Reinszenierung alter Beziehungserfahrungen aufzufassen und Ideen zu entwickeln, wie neue Beziehungsangebote sinnvoll geschaffen werden können (vgl. ebd., 303). Störendes Verhalten kann in diesem Zusammenhang als Möglichkeit angesehen werden, eine Botschaft zu senden, die durch die Fachkräfte adäquat interpretiert werden muss, um entsprechende bedürfnisorientierte Beziehungsangebote zu machen. Hierdurch kann Kindern und Jugendlichen ein erneutes In-Beziehung-Gehen ermöglicht werden, wodurch positivere Beziehungserfahrungen gesammelt werden können (vgl. Jensen & Bek 2019, 307 f.).

Eine besondere Herausforderung für die Fachkräfte besteht im Aufbau einer Arbeitsbeziehung zu Personen, die aufgrund ihrer Biographie oder psychischen Erkrankungen massiv beeinträchtigt sind, sich überhaupt in eine konstruktive Beziehung zu begeben. Nicht selten kommt es in Folge von Beziehungsangeboten zu Irritationen der Klient*innen und Handlungen aus Selbstschutz wie bspw. Arroganz oder Abwehr von Hilfsangeboten, die eine Barriere für den Beziehungsaufbau darstellen oder diesen ganz verhindern (vgl. ebd., 308; Rauchfleisch 2004, 51 ff.).

> **Gut zu merken**
>
>
>
> Negative Reaktionen auf Beziehungsangebote entstehen häufig aus destruktiven biographischen Beziehungserfahrungen. Umso wichtiger ist es als Fachkraft, die Beziehungsdynamik zu reflektieren und wiederkehrende Beziehungsangebote zu machen.

Praxisbeispiel

Eine Klientin wird zur Adressatin Sozialer Arbeit, da sie aufgrund einer Überforderungssituation mit ihren zwei Kindern Hilfen zur Erziehung in Anspruch nimmt. Sie hat kurz zuvor den Kontakt zu ihren Eltern abgebrochen, da sie wiederkehrend Grenzüberschreitungen erlebte, sobald sie diese um Hilfe bei der Betreuung der Kinder bat. Sie beschreibt, dass sie sich von ihren Eltern ungeliebt und oftmals abgewertet fühlte und schon als Kind den Eindruck hatte, nicht gewollt zu sein. Im Beziehungsaufbau zwischen Klientin und Fachkraft wird deutlich, dass die Klientin aufgrund ihrer Biographie und Erkrankung auf der einen Seite einen ausgeprägten Wunsch nach Nähe zur Fachkraft hat und sich teilweise grenztestend und grenzüberschreitend im Kontakt verhält, sich auf der anderen Seite aber extrem kränkbar zeigt und bei geringster Kritik an ihrem Verhalten gegenüber den Kindern ausfallend gegenüber der Fachkraft wird, mehrfach den Kontakt abbricht und alternative oder weiterführende Angebote rigoros ablehnt.

Dieses Beispiel zeigt, dass die Aufrechterhaltung und Pflege der Beziehung zu der Klientin für die Fachkraft einen Kraftakt darstellt, da selbst minimale Negativinteraktionen wie eine konstruktive Kritik an einem speziellen Verhalten massive Auswirkungen auf die Beziehung und die Weiterführung der Zusammenarbeit haben können. Gleichzeitig soll der Auftrag der Hilfen zur Erziehung erfüllt werden, so dass die Fachkraft schwierige

Situationen oder ungünstige Verhaltensweisen der Mutter thematisieren muss, um eine adäquate Unterstützung zu gewährleisten.

> **Praxistipp!**
>
> Es kann sehr hilfreich sein, in entspannten und krisenarmen Situationen dafür zu nutzen, einen Beziehungskredit für Zeiten aufzubauen, in denen die professionelle Beziehung großer Belastung ausgesetzt ist. Hierzu kann es hilfreich sein, im Nachhinein kritische Situationen innerhalb der professionellen Beziehung mit Klient*innen zu thematisieren, um Rückschlüsse für die gemeinsame weitere Zusammenarbeit daraus ziehen zu können und gleichzeitig dem Erleben der Klient*innen Raum zu geben.

Oftmals werden ungünstige Beziehungs- und Kommunikationsmuster im Kontakt mit den professionellen Helfenden reinszeniert. Dies führt dazu, dass Negativerfahrungen bestätigt werden, es sei denn, es gelingt den Beteiligten, vorhandene Muster zu durchbrechen und dadurch aus Negativdynamiken auszusteigen. Solche Negativdynamiken können bspw. in der Demonstration eigener Hilflosigkeit mit der komplementären Rolle des*der Retters*Retterin bestehen (vgl. Ritz-Schulte 2004, 47). Diese Dynamiken zu reflektieren und eine gleichermaßen wertschätzende, aber auch regulierende Gegensteuerung vorzunehmen, ist erwartungsgemäß für Fachkräfte nicht einfach und erfordert einen professionellen fachlichen Austausch im Team sowie eine gute Reflexionsfähigkeit hinsichtlich eigener Anteile als Fachkraft, die aufrechterhaltend auf die Dynamik wirken. Bei Menschen mit leichter Kränkbarkeit und geringer Kritikfähigkeit im Zuge narzisstischer Tendenzen (ohne dass eine psychiatrische Diagnose vorliegen muss) beinhaltet eine kooperative Beziehungsgestaltung insbesondere die Fokussierung auf Ressourcen der Klientel. Weiterhin bedeutsam ist das Ermöglichen von Kontrolle, Selbstbestimmung in Bezug auf vorzunehmende Handlungen und Veränderungen sowie eine transparente Zielfindung (vgl. Lammers 2021, 58 ff.).

> **Gut zu merken**
>
> Eine starke Ressourcenorientierung ermöglicht insbesondere in der Beziehungsgestaltung mit leicht kränkbaren Menschen das Schaffen einer stabilen Basis für die weitere Zusammenarbeit.

Negative und destruktive Beziehungserfahrungen können unabhängig von der psychischen Gesundheit auftreten und prägen in der Folge Kontakte auf intensive Art und Weise. Gelingt es, im Arbeitsprozess diese destruktiven Dynamiken aufzudecken und feinfühlig zum Thema innerhalb der Arbeitsbeziehung zu machen, wird ein besseres beiderseitiges Verständnis ermöglicht und Irritationen können im Dialog auf Metaebene angesprochen werden. Diese Form des Sprechens über die Beziehung auf Metaebene erfordert gleichsam ein gewisses Grundvertrauen, um überhaupt negative Beziehungserfahrungen thematisieren und gemeinsam hinsichtlich der Auswirkungen auf die aktuelle Arbeitsbeziehung reflektieren zu können, was bei Weitem nicht allen Beteiligten gelingt.

3.4 Klientelspezifische beziehungshinderliche Faktoren

Neben den eben beschriebenen Besonderheiten bezüglich Beziehungs- und Bindungserfahrungen in der Biographie der Klient*innen führen weitere Verhaltensweisen und Einschränkungen der Klient*innen zu Herausforderungen in der Beziehungsgestaltung. Zu nennen sind hier beispielhaft schwere psychische Erkrankungen, fehlende Problemsicht hinsichtlich des Hilfebedarfs sowie unsoziales Verhalten im Allgemeinen.

Sind Klient*innen chronisch und/oder schwer psychisch erkrankt, leidet häufig auch die Fähigkeit, Beziehungen einzugehen. Erfahrungen von Ablehnung, grundlegender Kritik sowie fehlendem Verstanden-Werden erschweren die professionelle Beziehung zudem (vgl. Baer & Fasel 2009, 346 ff.). Viele der bisher beschriebenen Voraussetzungen zur Gestaltung einer gelingenden Beziehung gelten für Menschen mit psychischen Erkrankungen genauso wie für alle anderen Klient*innen. Hier zu nennen sind insbesondere eine frühe Ressourcenorientierung, das Schaffen eines sicheren Rahmens sowie ein aufrichtiges Interesse an der Person (vgl. Plössl 2019, 405 f.). Hinzu kommen einige ergänzende Aspekte, die im Folgenden dargestellt werden. Noch stärker als sonst sollte in der Beziehungsgestaltung zu Menschen mit psychischen Erkrankungen darauf geachtet werden, eine belastbare Beziehung aufzubauen, die den Betroffenen zu Beginn wenig abverlangt und nicht konfrontiert oder den Fokus stark auf Probleme richtet. Vielmehr sollte zunächst durch Befriedigung grundlegender Bedürfnisse und Beruhigung der Klient*innen eine Basis geschaffen werden, auf der die Fachkraft im späteren Verlauf aufbauen kann, wenn es darum geht, den Betroffenen zunehmend mehr Eigenverantwortung abzuverlangen (vgl. ebd., 405). »Dabei kann die gute Beziehung zur Fachkraft für Klienten auch motivierend sein, sich einer Aufgabe zu stellen oder einen Entwicklungsschritt anzugehen, einfach weil die Fachkraft ihnen das zutraut und weil sie die Fachkraft nicht enttäuschen möchten« (Plössl 2019, 406). Dieses Zitat verdeutlicht die Wichtigkeit des grundlegend ressourcenorientierten Blicks der Fachkraft auf das psychisch erkrankte Klientel.

Gut zu merken

Bei Klient*innen mit Einschränkungen der Beziehungsfähigkeit zu anderen Menschen ist es wichtig, zu Beginn eine tragfähige Beziehung zu erarbeiten, indem Beziehungsbedürfnisse nach Möglichkeit erfüllt werden und nur geringe Anforderungen an das Arbeitsbündnis gestellt werden. Im Lauf der Zusammenarbeit kann die Beziehung dann zunehmend belastet werden.

Praxisbeispiel

Eine junge Klientin, die an Schizophrenie erkrankt ist, lebt in einer Wohngruppe und wird durch eine Sozialarbeiterin betreut. Nachdem die Klientin einige Zeit medikamentös gut eingestellt und stabil war, hat diese eigenmächtig die Medikamente abgesetzt und zeigt seit einigen Tagen verstärkt auffälliges Verhalten. Die Fachkraft begleitet die Klientin schon lange und spricht die Veränderung, die sie bei der Klientin beobachtet, behutsam an. Sie betont dabei ihre Sorge um die Klientin und verweist auf die guten Entwicklungen der letzten Monate. Die Klientin streitet zunächst ab, die Medikamente abgesetzt zu haben, vertraut der Fachkraft aber ausreichend, um ihr im Verlauf des Gesprächs von ihrem Entschluss, die Medikamente nicht mehr nehmen zu wollen, zu berichten. Die Fachkraft zeigt sich interessiert und versucht zu verstehen, aus welchen Gründen die Klientin sich für diesen Schritt entschieden hat, benennt aber auch offen, dass sie den Entschluss sehr kritisch sieht und weist auf bereits wieder auftretende Krankheitssymptome hin. Die Klientin erklärt sich nach kurzem Zögern bereit, in Begleitung der Fachkraft in den kommenden Tagen ihre Psychiaterin aufzusuchen und eine mögliche Veränderung der Medikation zu besprechen. Gemeinsam rufen die beiden bei der Psychiaterin an und vereinbaren den Termin. Die Klientin sagt im Anschluss zur Fachkraft: »Ohne Sie hätte ich diesen Schritt nicht gemacht. Bei Ihnen weiß ich ja, dass Sie es gut mit mir meinen, und wenn Sie sagen, ich brauche Hilfe, vertraue ich Ihnen da.«

Dieses Beispiel zeigt, welche Chancen in einer stabilen und belastbaren Beziehung zwischen Fachkraft und psychisch erkrankten Klient*innen liegen, insbesondere wenn es darum geht, in Krisenzeiten zu unterstützen. Gleichzeitig sind Fachkräfte in diesen Situationen gefordert, ein direktiveres Verhalten an den Tag zu legen, wenn Phasen durch Verunsicherung und Krisen geprägt sind, um Klient*innen Sicherheit zu bieten, dabei zuversichtlich und verständnisvoll zu bleiben und zu signalisieren, dass sie diese schwierigen Phasen der Klient*innen aushalten können und dabei als Ansprechperson und Unterstützung verfügbar sind (vgl. Plössl 2019, 406 f.).

3.4 Klientelspezifische beziehungshinderliche Faktoren

Auf den Punkt gebracht

Beziehungsgestaltung innerhalb der Sozialen Arbeit bewegt sich in verschiedenen Spannungsfeldern, die Herausforderungen für eine gelingende professionelle Beziehung mit sich bringen. Eine dieser Herausforderungen besteht im Doppel-/Tripelmandat, in dem Fachkräfte sich zwischen Hilfe und Kontrolle bewegen und sich damit einerseits loyal gegenüber der Gesellschaft mit entsprechenden Normen und Werten sowie andererseits gegenüber der Klientel verhalten müssen und dabei den Ansprüchen der Profession gerecht werden wollen.

Für die Beziehungsgestaltung stellt die Einschränkung persönlicher Handlungs- und Entscheidungsspielräume eine wichtige Barriere dar, ebenso wie Eingriffe in die persönliche Lebensführung. Fehlende Freiwilligkeit und Motivation sowie mangelnde Problemsicht erschweren eine konstruktive Beziehungsgestaltung, wobei durch akzeptierendes, lösungsorientiertes und respektvolles Vorgehen der Fachkraft auch vor dem Hintergrund der Unfreiwilligkeit Beziehungen konstruktiv gestaltet werden können. Dem Aushandlungsprozess kommt hierbei eine besondere Bedeutung zu, um Partizipation und Autonomie zu ermöglichen und dadurch Reaktanz (Widerstand gegen Einschränkungen selbstbestimmten Handelns) abzubauen.

Soziale Arbeit sollte immer im Blick behalten, dass Beziehungen im Rahmen von Hilfsangeboten für Betroffene nicht zu einer Entmachtung der Klient*innen und damit zu einer Verstärkung der Hilflosigkeit führen sollten. Hier ist der Empowerment-Ansatz besonders relevant, um Klient*innen in der Selbstermächtigung und Selbstwirksamkeit zu stärken, statt Hilfe zu leisten, die dauerhafte Abhängigkeit vom Helfer*innensystem erzeugt.

Die Beziehungsgestaltung mit Personen, die in ihrer Biographie negative Beziehungserfahrungen machen mussten, fordert Fachkräfte besonders, da häufig Misstrauen und destruktive Beziehungsmuster einer stabilen professionellen Beziehung entgegenstehen. Als Reaktion erfolgen häufig ablehnende Verhaltensweisen gegen die Beziehung oder ein übergroßer Wunsch nach Beziehung mit einhergehenden Verhaltensauffälligkeiten. Insbesondere in der professionellen Beziehung zu schwer psychisch erkrankten Menschen ist eine wertschätzende und gleichermaßen regulierende Vorgehensweise wichtig, in der das eigene Verhalten unbedingt fachlich reflektiert werden sollte, um Negativdynamiken zu erkennen und adäquat gegenzusteuern. Eine auf Ressourcenorientierung basierende und belastbare Beziehung aufzubauen, stellt ein wichtiges Ziel dar, um schwierige Themen miteinander besprechen und bearbeiten zu können.

Reflexionsfragen

- Welche Herausforderungen erleben Sie hinsichtlich der Gestaltung einer professionellen Beziehung in Ihrem Handlungsfeld und welche Vorgehensweisen sind hilfreich, um die Beziehung konstruktiv gestalten zu können?
- Reflektieren Sie die Beziehung zur Klientel anhand eines Beispiels in einem Kontext, in dem Unfreiwilligkeit und/oder fehlende Motivation relevant sind. An welchen Stellen können Sie als Fachkraft Entscheidungs- und Handlungsspielräume schaffen und Ihr Gegenüber partizipieren, um Reaktanz abzubauen?
- Wie können Interventionen in Ihrem Handlungsfeld so gestaltet werden, dass sie möglichst viel Raum für Selbstermächtigung und Selbstwirksamkeit bieten sowie Hilflosigkeit und Abhängigkeit reduziert werden? Welche Auswirkungen hat das auf die Beziehung zur Klientel?
- Denken Sie an eine professionelle Beziehung, in der Negativdynamiken und destruktive Beziehungsmuster sichtbar wurden. Was hat Ihnen ermöglicht, die Dynamik zu reflektieren und was war hilfreich, um aus der destruktiven Dynamik auszusteigen und ein konstruktiveres Miteinander zu ermöglichen?

Weiterführende Literatur

Herriger, Norbert (2020): Empowerment in der Sozialen Arbeit. Eine Einführung (6., erw. u. akt. Aufl.). Stuttgart: Kohlhammer.
Krieger, Wolfgang (Hrsg.) (2021): Macht in der Sozialen Arbeit. Interaktionsverhältnisse zwischen Kontrolle, Partizipation und Freisetzung (5., überarb. Aufl.). Detmold: Lippe.
Rieger, Anna (2016): Anerkennende Beziehung in der Sozialen Arbeit. Ein Beitrag zu sozialer Gerechtigkeit zwischen Anspruch und Wirklichkeit. Wiesbaden: Springer.

4 Praxisfall, Zusammenfassung und Ausblick

> **☞ Überblick**
>
> Im letzten Kapitel werden wichtige Erkenntnisse des Buches handlungsfeld- und klientelübergreifend zusammengefasst. Anhand eines Praxisfalls werden Überlegungen angestellt, die auf den Inhalten der vorherigen Kapitel beruhen. Außerdem wird ein Ausblick hinsichtlich weiterer Forschungsbedarfe sowie relevanter Fragestellungen gegeben.

Zu Beginn des Buches wurde der Bedarf an einer bewusst gestalteten und reflektierten professionellen Beziehung innerhalb der Sozialen Arbeit in Abgrenzung zu größtenteils intuitiv gestalteten privaten Beziehungen betont. In den letzten Kapiteln wurden hierfür wichtige ›Stellschrauben‹ in den Blick genommen, die das professionelle Miteinander zwischen Fachkraft und Klientel in unterschiedlichen Settings und Handlungsfeldern befördern. Mit dem Wissen um diese wichtigen Gestaltungselemente soll nun ein Praxisbeispiel die Möglichkeit bieten, die Inhalte aus den ersten drei Kapiteln in Verbindung miteinander auf den Praxisfall anzuwenden.

> **Praxisbeispiel**
>
> In einer Kindertagesstätte arbeitet Herr Paulsen als Fachkraft in der Kita-Sozialarbeit. Im Rahmen dieser Tätigkeit nimmt ein Elternpaar mit ihm Kontakt auf, als es ihm auf dem Flur begegnet: »Herr Paulsen, haben Sie kurz Zeit für uns? Wir machen uns Sorgen um unseren Lukas.« Der Sozialarbeiter hat in wenigen Minuten einen Telefontermin, so dass er eigentlich keine Zeit für ein Gespräch hat. Da nun aber beide Elternteile

4 Praxisfall, Zusammenfassung und Ausblick

schon mal da sind und er die Dringlichkeit heraushört, bittet er die Eltern in sein Büro: »Eigentlich habe ich gleich einen Termin. Aber kommen Sie mal mit, es scheint ja wirklich wichtig zu sein.«
Nach wenigen Minuten des Gesprächs klingelt das Telefon. Er bittet kurz um Pause, um das Gespräch entgegenzunehmen und plant, den Telefontermin zu verschieben. Sein Gegenüber am Telefon steigt allerdings sofort ins Thema ein, Herr Paulsen kommt erst nach einigen Ausführungen zu Wort und fragt, ob der Telefontermin um eine halbe Stunde nach hinten verlegt werden könne. Lukas Eltern sitzen in der Zwischenzeit im Büro und werden unruhig, da beide zur Arbeit müssen.

Nachdem Herr Paulsen das Telefonat beendet hat, vereinbart er mit den Eltern einen weiteren Gesprächstermin, da ihr Anliegen in der Kürze der Zeit nicht zu klären ist: »Tut mir leid, dass Sie warten mussten. Ich glaube, wir brauchen doch etwas mehr Zeit für das Gespräch. Haben Sie vielleicht am Freitag Zeit, damit wir uns dann mit mehr Ruhe nochmal zusammensetzen und schauen können, worin Ihre Sorge um Lukas besteht?«

In einem nächsten Gesprächstermin einige Tage später wirkt die Mutter auf Herrn Paulsen unkonzentriert und fahrig, sie hat Schwierigkeiten, ihre Gedanken zu Ende zu bringen und ihm im Gespräch zu folgen. Der Vater tritt recht dominant und fordernd auf und stellt wiederholt die Kompetenz der Mitarbeitenden in der Kita in Frage. Er sagt bspw.: »Ich habe den Eindruck, die Erzieherinnen sind total überfordert, sie kriegen meinen Sohn doch gar nicht in den Griff. Ich denke, der Junge braucht 'ne harte Hand und nicht dieses weichgespülte Pädagogen-Gequatsche. Ich denke, Sie als Mann könnten ihm da ein gutes Vorbild sein.« Herr Paulsen ist irritiert. Ihm ist unklar, was der Vater mit »überfordert«, »in den Griff kriegen«, »harte Hand« und »Vorbild« meint, er möchte dies verstehen und fragt beim Vater nach. Währenddessen fällt ihm auf, dass die Mutter immer tiefer in sich zusammensackt und unsicher wirkt. Zwischendurch versucht sie, ihren Mann zu beschwichtigen, indem sie eine Hand auf seinen Arm legt oder sagt: »Thomas, nun lass es gut sein.« Darauf reagiert der Vater unwirsch und schüttelt die Hand seiner Frau ab oder ignoriert ihren Einwand.

Der Sozialarbeiter beschließt, bei nächster Gelegenheit einmal mit der Mutter allein zu sprechen, da er den Eindruck hat, dass diese kaum zu Wort kommt, und ihm noch nicht ganz klar geworden ist, worin die anfänglich benannte »Sorge« um Lukas besteht. Als er sie am nächsten Morgen beim Bringen von Lukas antrifft, trägt sie trotz schlechten Wetters eine Sonnenbrille und wirkt eingeschüchtert. Herr Paulsen spricht sie an, ob sie kurz Zeit habe, da er gestern den Eindruck gehabt habe, sie hätte gar nicht viel gesagt. Die Mutter lehnt zunächst aus Zeitgründen ab, lässt sich dann aber doch darauf ein, mit ins Büro zu kommen. Dort legt sie die Sonnenbrille ab, es zeigt sich ein blaues Auge. Nach wenigen Sätzen beginnt sie zu weinen und berichtet, dass ihr Mann zu Hause so aggressiv sei und sie aufgrund ihrer Depression kaum etwas entgegensetzen könnte. Er würde den Sohn nicht schlagen, schreie ihn aber an und sei sehr streng mit ihm. Ihr gegenüber sei er zum wiederholten Male handgreiflich geworden, sie habe mittlerweile richtig Angst vor ihrem Mann: »Ich weiß nicht mehr, was ich machen soll, ich kann mich gegen ihn nicht durchsetzen. Ich habe so Angst, dass er irgendwann auch Lukas gegenüber handgreiflich wird. Können Sie mir nicht helfen, da irgendwie rauszukommen?«, fragt die Mutter nach einiger Zeit.

Der Sozialarbeiter vermittelt die Mutter an eine Frauenberatungsstelle und bietet ihr an, gemeinsam Kontakt mit dem Jugendamt aufzunehmen, sollte sich die Sorge bestätigen, dass das Kindeswohl von Lukas gefährdet sei. Die Mutter nickt zustimmend und sagt, sie brauche jetzt erstmal Zeit, um sich zu sortieren. Herr Paulsen bietet ihr an, jederzeit einen neuen Gesprächstermin bei ihm in Anspruch nehmen zu können. Daraufhin antwortet die Mutter: »Sie sind wirklich ein Goldstück. Ich wüsste gerade gar nicht, was ich machen würde, wenn ich Sie hier nicht hätte. Danke, dass Sie immer da sind!«

Nach dem Gespräch ist Herr Paulsen aufgewühlt und reflektiert das eigene Vorgehen.
Versetzen Sie sich nun in die Lage des Sozialarbeiters und reflektieren Sie anhand folgender Leitfragen:

4 Praxisfall, Zusammenfassung und Ausblick

- Welche Besonderheiten treten im Rahmen dieser Beziehungsgestaltung (zwischen beiden Eltern und der Fachkraft sowie zwischen der Mutter und der Fachkraft) auf und welche Herausforderungen könnten damit einhergehen?
- Was sollte die Fachkraft in Bezug auf die eigene Haltung und Rolle berücksichtigen?
- Was ist beachtenswert in Bezug auf die Kommunikation und Interaktion (wo wäre ggf. Metakommunikation hilfreich, was ist wichtig in Bezug auf Nähe und Distanz, wie kann Rapport hergestellt werden, handelt es sich um symmetrische oder komplementäre Interaktion)?
- Was sollte in Bezug auf die Gestaltung des Settings berücksichtigt werden? Worin könnten hier Herausforderungen bestehen?
- Wie ist der Fall hinsichtlich Macht, Hilfe, Kontrolle und klientelspezifischen Faktoren mit Einfluss auf die Beziehung zu bewerten?

Praxistipp!

Überlegen Sie, wie Ihre Antworten auf diese Fragen aussehen könnten. Vergleichen Sie Ihre Ergebnisse anschließend mit den Antwortimpulsen, die Sie online abrufen können unter:

 https://dl.kohlhammer.de/978-3-17-042403-6

Abschließend soll nun noch einmal der Blick auf die Personen gerichtet werden, mit denen Fachkräfte in erster Linie professionelle Beziehungen eingehen: das Klientel Sozialer Arbeit. Obwohl professionelle Beziehungsgestaltung für und mit den Klient*innen gestaltet wird, werden klient*innenseitige Perspektiven auf Beziehungsgestaltung selten erfasst, sei es in der Forschung oder in der Praxis. Die Beziehung wird oftmals gar nicht oder nur dann zum Thema im Gespräch zwischen Fachkraft und Klient*in, wenn sie als problematisch eingestuft wird, sei es, weil das Gegenüber Termine nicht wahrnimmt, sich nicht auf das Gespräch einlässt oder offenen Widerstand gegen Interventionen zeigt. Hilfreich im Sinne der Ressourcenorientierung wäre es, in der alltäglichen Zusammenarbeit viel häufiger das Miteinander zu thematisieren, auch (oder gerade) wenn es dem Empfinden nach störungsfrei verläuft.

Gut zu merken

Die Beziehung sollte nicht nur dann zum Thema der Metakommunikation gemacht werden, wenn Störungen oder Probleme auftreten, sondern im Sinne einer Ressourcenorientierung auch in Fällen, in denen diese reibungslos und konstruktiv verläuft.

In dieser Form der Metakommunikation über Beziehungsbedürfnisse, Wünsche und Befürchtungen innerhalb der professionellen Beziehung liegt das Potential der Beziehungsstabilisierung. Einerseits hilft es insbesondere in kritischen Situationen, auf eine tragfähige Beziehung zurückgreifen zu können, andererseits kann diese Form des Umgangs für Klient*innen ein wichtiges Modell darstellen, wie das Miteinander wertschätzend und einfühlsam gestaltet werden kann. Dies ist insbesondere für jene Klient*innen bedeutungsvoll, die biographisch verstärkt destruktive Beziehungserfahrungen sammeln mussten.

Innerhalb der Forschung sind in den letzten Jahren einige wichtige Arbeiten entstanden, die sich mit der Perspektive der Adressat*innen Sozialer Arbeit auseinandersetzen und dabei auch die Beziehungsgestaltung aus Sicht der Betroffenen in den Blick nehmen. Damit erhalten Klient*innen eine öffentlich sicht- und hörbare Stimme, um Fachkräfte für das Erleben der Betroffenen innerhalb der professionellen Hilfe zu sensibilisieren. Die Adressat*innenforschung sollte unbedingt verstärkt werden, insbesondere um handlungsfeld- und klientelspezifische Herausforderungen in der Beziehung aus Sicht der Betroffenen zu verstehen und Schlussfolgerungen im Sinne der Klient*innen zu ziehen.

Abschließend wird ein kurzer Blick auf professionelle Beziehungen jenseits derer zwischen Fachkraft und Klient*in geworfen. Neben der professionellen Beziehungsgestaltung zur Klientel braucht auch die Zusammenarbeit mit Arbeitskolleg*innen, einem interprofessionellen Team sowie Netzwerk- und Austauschpartner*innen eine Aushandlung und

Gestaltung professioneller Beziehung. Der Grund, warum diese im Rahmen dieses Buches nur wenig thematisiert werden, liegt darin, dass zum einen der Fokus auf diejenigen gerichtet werden sollte, für die professionelle Beziehungen gestaltet werden: die Klient*innen Sozialer Arbeit. Zum anderen gilt für professionelle Beziehungen zu anderen Fachkräften vieles von dem, was zuvor thematisiert wurde, gleichermaßen. Da Fachkräfte untereinander oftmals fest etablierte Formate wie Supervision, Intervision und kollegiale Beratung nutzen, um die professionelle Zusammenarbeit und damit einhergehende Störungen zu thematisieren, ist Kommunikation auf Metaebene in diesem Rahmen viel gängiger, als dies für Klient*innen in aller Regel der Fall ist. Daher gelingt es den Fachkräften als Expert*innen für professionelle Beziehungsgestaltung zumindest in der Theorie oftmals besser, die gemeinsame Beziehung zum Thema zu machen.

Gut zu merken

In der professionellen Beziehung zu anderen Professionellen gelten viele der beschriebenen Aspekte in gleicher Weise wie in der Beziehung zur Klientel. Ein großer Unterschied besteht in der Expertise der Fachkräfte gegenüber der Klientel hinsichtlich der fachlichen Reflexion von Beziehungsgestaltung bspw. in Form von kollegialer Beratung oder Supervision.

In der Praxis kann eine fehlende Professionalität in der Arbeitsbeziehung zwischen Fachkräften zu Konflikten und einer geringeren Effektivität und Produktivität der Arbeit führen, daher ist die professionelle Beziehungsgestaltung zwischen Fachkräften ein wichtiges Thema, insbesondere in Zeiten hoher Fluktuation und zunehmenden Fachkräftemangels in vielen Feldern der Sozialen Arbeit (weiterführend Hasebrook, Hackl & Rodde 2020; Balz & Spieß 2009; Jantscher & Lauchert-Schmidl 2021). Die Berücksichtigung dessen, was mit Blick auf die Zusammenarbeit mit Klient*innen als relevant beschrieben wurde, stellt sich auch in der Kooperation mit anderen Professionellen als wichtig dar. Auch hier unterstützt die bewusste und reflektierte professionelle Beziehung ein gutes Miteinander sowie eine produktive und vertrauensvolle Zusammenarbeit der Fachkräfte, um in kritischen oder schwierigen Situationen und Gesprächen auf eine tragfähige, stabile Basis zurückgreifen zu können. Abschließend kann festgehalten werden, dass sich die Investition von Zeit, Geduld, Reflexion und Energie in die professionelle Beziehungsgestaltung auf vielerlei Ebenen lohnt, sowohl was die Zusammenarbeit mit Klient*innen betrifft als auch in der Teamarbeit und Kooperation mit Fachkräften anderer Stellen. Handlungsfeldübergreifend stellt die professionelle Beziehung Weichen dafür, ob Hilfe umgesetzt und angenommen werden kann oder nicht, insofern ist die professionelle Beziehung eine wichtige – wenn nicht die wichtigste – Basis für eine gelingende und kooperative Zusammenarbeit im Helfer*innen-System.

Auf den Punkt gebracht

Die professionelle Beziehung in der Sozialen Arbeit erfordert eine bewusste Aushandlung und reflektierte Gestaltung der gemeinsamen Zusammenarbeit von Fachkraft und Klientel. Hierzu ist es notwendig, als Fachkraft die eigene Haltung und Rolle sowie die damit einhergehenden Verhaltens- und Vorgehensweisen zu hinterfragen und bei Bedarf der Situation und Klientel anzupassen.

Kommunikation und Interaktion bieten viele ›Stellschrauben‹, um Beziehung konstruktiv zu gestalten. Hierzu zählen die Nutzung der verschiedenen Kommunikationsformen wie verbaler, paraverbaler und nonverbaler Kommunikation sowie der Einsatz von Metakommunikation zur Klärungsarbeit innerhalb der professionellen Beziehung.

Innerhalb der gemeinsamen Beziehung sind komplementäre und symmetrische Interaktionen von Bedeutung sowie ›Stellschrauben‹ zur Gestaltung eben dieser Interaktionen wie Rapport, Nähe und Distanz sowie die Unterstützung in der Affekt- und Emotionsregulation.

Zu guter Letzt bedarf es seitens der Fachkraft immer spezifischer Überlegungen hinsichtlich des eigenen Handlungsfelds sowie klientelspezifischer Besonderheiten mit Einfluss auf die Gestaltung der professionellen Beziehung. Es sollte immer die Frage gestellt werden, wie die professionelle Arbeitsbeziehung zwischen Fachkraft und Klientel so aufgebaut werden kann, dass sie tragfähig für die Zusammenarbeit ist und gleichzeitig Klient*innen möglichst viel Raum für eigene Entscheidungen, Handlungsfähigkeit und Selbstwirksamkeitserfahrungen lässt sowie Autonomie ermöglicht. Dies gilt insbesondere in Kontexten, in denen diese aufgrund des Auftrags der Fachkraft oder des Settings ohnehin schon eingeschränkt wird.

Beziehung sollte auf Metaebene zwischen Fachkraft und Klient*in nicht erst zum Thema gemacht werden, wenn problematische Entwicklungen innerhalb der Zusammenarbeit festgestellt werden, sondern im Sinne einer stabilisierenden Beziehungsarbeit fester Bestandteil des Miteinanders sein.

Innerhalb der professionellen Beziehungen von Fachkräften untereinander können viele der beschriebenen Aspekte in gleicher Weise Anwendung finden wie in der Beziehungsgestaltung zur Klientel. Auch hier ist das Ziel eine tragfähige Beziehung, die ermöglicht, in schwierigen Situationen oder kritischen Gesprächen auf sicherer Basis agieren zu können und ein verständnis- und vertrauensvolles Miteinander sowie Effektivität und Produktivität in der Zusammenarbeit zu ermöglichen.

Die Adressat*innenforschung bietet wichtige Erkenntnisse aus der Perspektive der Inanspruchnehmenden Sozialer Arbeit und sollte verstärkt werden, insbesondere um handlungsfeld- und klientelspezifische Sichtweisen zu erheben und Schlussfolgerungen für das professionelle Vorgehen abzuleiten.

Reflexionsfragen

- Welchen ›Stellschrauben‹ haben Sie bisher wenig Beachtung geschenkt? Wie können Sie die bisher noch wenig beachteten Aspekte zukünftig stärker in den Blick nehmen? Welche Auswirkungen und Veränderungen könnten dadurch entstehen?
- Welche Besonderheiten bringt das Handlungsfeld, in dem Sie tätig sind (oder tätig sein möchten), für die professionelle Beziehung mit sich? Welche Ideen haben Sie zum Umgang mit den spezifischen Anforderungen an Beziehung in diesem Feld?

> - Was sind Ihre größten Lerneffekte, die wichtigsten Hinweise oder die neusten Ideen, die Sie aus der Lektüre des Buchs mitnehmen? Wie können Sie sich im Alltag an die neuen Gedanken erinnern?

Weiterführende Literatur

Abels, Heinz (2020): Soziale Interaktion. Wiesbaden: Springer.
Balz, Hans-Jürgen & Spieß, Erika (2009): Kooperation in Sozialen Organisationen. Grundlagen und Instrumente der Teamarbeit. Ein Lehrbuch. Stuttgart: Kohlhammer.
Jantscher, Anna & Lauchart-Schmidl, Nicole (2021): Being in Organizations. Die Beziehung zwischen Mensch und Organisation lebendig gestalten. Stuttgart: Schäffer-Poeschel.

Literatur

Abercrombie, David (1968): Paralanguage. In: British Journal of Communication 3, S. 55–59.

Ahnert, Lieselotte (2018): Bindungsbeziehungen. Aufbau, Aufrechterhaltung und Abweichung. In: Hans-Uwe Otto, Hans Thiersch, Rainer Treptow, Holger Ziegler (Hrsg): Handbuch soziale Arbeit (6., überarb. Aufl.; S. 194–202). München & Basel: Reinhardt.

Ainsworth, Mary & Wittig, Barbara (1969): Attachment and the Exploratory Behaviour of one Year Olds in a Strange Situation. In: Brian Foss (Hrsg.): Determinants of Infant Behaviour (4. Aufl.; S. 113–136). London: Methuen.

Ainsworth, Mary, Blehar, Mary, Waters, Everett & Wall, Sally (1978): Patterns of Attachment. A Psychological Study of the Strange Situation. London: Taylor-Francis.

Altmann, Uwe (2013): Synchronisation nonverbalen Verhaltens. Weiterentwicklung und Anwendung zeitreihenanalytischer Identifikationsverfahren. Wiesbaden: Springer.

Argyle, Michael (2013): Körpersprache & Kommunikation. Nonverbaler Ausdruck und Soziale Interaktion (10., überarb. Neuaufl.). Paderborn: Junfermann.

Balz, Hans-Jürgen & Spieß, Erika (2009): Kooperation in Sozialen Organisationen. Grundlagen und Instrumente der Teamarbeit. Ein Lehrbuch. Stuttgart: Kohlhammer.

Bamberger, Günter (2022): Lösungsorientierte Beratung. Praxishandbuch (6., überarb. Aufl.). Weinheim & Basel: Beltz.

Bateson, Gregory (1935): Culture Contact and Schismogenesis. In: Man 35, S. 178–183.

Bateson, Gregory (1958): Naven (2. Aufl.). Stanford University Press.

Baer, Niklas & Fasel, Tanja (2009): Sie wäre so begabt. Die Arbeitssituation von Menschen nach Psychosen. In: Familiendynamik 34(4), S. 346–359.

Barnow, Sven (Hrsg.) (2020): Handbuch Emotionsregulation. Zwischen psychischer Gesundheit und Psychopathologie. Wiesbaden: Springer.

Barthelmess, Manuel (2014): Systemische Beratung. Eine Einführung für psychosoziale Berufe (4. Aufl.). Weinheim & Basel: Beltz.

Baumann, Menno (2012): Kinder, die Systeme sprengen. Band 1: Wenn Jugendliche und Erziehungshilfe aneinander scheitern (2. Aufl.). Baltmannsweiler: Schneider Hohengehren.

Best, Laura (2020a): Nähe und Distanz in der Beratung. Die Beziehungsgestaltung aus der Perspektive der Adressaten. Wiesbaden: Springer.

Best, Laura (2020b): Material, Methoden und beraterisches Vorgehen – Gestaltungsmöglichkeiten von Nähe und Distanz in der psychosozialen Beratung. In: Internationale Zeitschrift für Philosophie und Psychosomatik 2(22), S. 1–10.

Best, Laura (2021): Was wir von Adressat_innen für unser beraterisches Handeln lernen können. In: Saskia Erbring & Jörg Fischer (Hrsg.): Zukunft der Beratung. 5. Sonderband Sozialmagazin (S. 187–200). Weinheim & Basel: Beltz Juventa.

Best, Laura (2022): Mediation in der Scheidungsberatung – Erkenntnisse aus einem empirischen Forschungsprojekt. In: Zeitschrift für Konfliktmanagement 25, S. 144–145.

Bieker, Rudolf (2022): Was ist Soziale Arbeit? – eine Einführung in Gegenstand und Funktionen. In: Carola Kuhlmann, Heiko Löwenstein, Heike Niemeyer & Rudolf Bieker (Hrsg.): Soziale Arbeit. Das Lehr- und Studienbuch für den Einstieg (S. 15–64). Stuttgart: Kohlhammer.

Bielecke, Alexandra (2017): Konfliktfähigkeit oder »Kann man ›richtig streiten‹ lernen?«. In: Zeitschrift für Konfliktmanagement 5, S. 177–182.

Boden, Martina (2013): Mitarbeitergespräche führen. Situativ, typgerecht und lösungsorientiert. Wiesbaden: Springer.

Bolz, Tijs, Albers, Viviane & Baumann, Menno (2019): Professionelle Beziehungsgestaltung in der Arbeit mit »Systemsprengern«. In: Unsere Jugend 71, S. 297–304.

Bowlby, John (2006): Bindung und Verlust. Band: 1 Bindung. Engl. Original: Attachment and Loss. Vol. 1: Attachment. München: Reinhardt.

Bowlby, John (2018): Bindung als sichere Basis. Grundlagen und Anwendung der Bindungstheorie (4. Aufl.). München: Rheinhardt.

Brandstätter, Veronika, Schüler, Julia, Puca, Rosa Maria & Ljubico, Lozo (2018): Motivation und Emotion. Allgemeine Psychologie für Bachelor (2. Aufl.). Wiesbaden: Springer.

Braun, Norman (2009): Rational Choice Theorie. In: Georg Kneer & Markus Schroer (Hrsg.): Handbuch Soziologische Theorien (S. 395–418). Wiesbaden: VS Verlag.

Brisch, Karl Heinz (2014): Die Bedeutung von Bindung in Sozialer Arbeit, Pädagogik und Beratung. In: Alexander Trost (Hrsg.): Bindungsorientierung in der Sozialen Arbeit. Grundlagen – Forschungsergebnisse – Anwendungsbereiche (S. 15–42). Dortmund: Borgmann.

Brisch, Karl Heinz (2018): Bindungsstörungen – Von der Bindungstheorie zur Therapie (15. Aufl.). Stuttgart: Klett Cotta.

Brückner, Margit (2018): Gefühle im Wechselbad. Soziale Arbeit als beziehungsorientierte Care Tätigkeit. In: Kommission Sozialpädagogik (Hrsg.): Wa(h)re

Gefühle? Sozialpädagogische Emotionsarbeit im wohlfahrtsstaatlichen Kontext (S. 65–79). Weinheim: Beltz.
Bruno, Tiziana & Adamczyk, Gregor (2015): Körpersprache (3. Aufl.). Freiburg im Breisgau: Haufe.
Conen, Marie-Luise & Cecchin, Gianfranco (2022): Wie kann ich Ihnen helfen, mich wieder loszuwerden? Therapie und Beratung mit unmotivierten Klienten und in Zwangskontexten (8. Aufl.). Heidelberg: Carl Auer.
Dahmer, Hella & Dahmer, Jürgen (2003): Gesprächsführung. Eine praktische Anleitung. Stuttgart: Thieme.
Datler, Wilfried & Strachota, Andrea (2012): Wenn der Wunsch nach Klarheit zur Krise führt ... Bemerkungen über Nähe und Distanz in der beratenden Begleitung von Eltern, die sich mit pränataler Diagnostik konfrontiert sehen. In: Margret Dörr & Burkhard Müller (Hrsg.): Nähe und Distanz – Ein Spannungsfeld pädagogischer Professionalität (3., akt. Aufl.; S. 178–193). Weinheim & Basel: Beltz Juventa.
De Shazer, Steve (2015): Der Dreh. Überraschende Wendungen und Lösungen in der Kurzzeittherapie (13. Aufl.). Heidelberg: Carl Auer.
De Shazer, Steve (2017): Worte waren ursprünglich Zauber: Von der Problemsprache zur Lösungssprache (4. Aufl.). Heidelberg: Carl Auer.
Dörr, Margret & Müller, Burkhard (Hrsg.) (2012): Nähe und Distanz – Ein Spannungsfeld pädagogischer Professionalität (3., akt. Aufl.). Weinheim & Basel: Beltz Juventa.
Edelmann, Walter & Wittmann, Simone (2019): Lernpsychologie (8., vollst. überarb. Aufl.). Weinheim: Beltz.
Ekman, Paul, Friesen, Wallace & Ellsworth, Phoebe (1972): Emotion in the Human Face: Guidelines for Research and an Integration of Findings. New York: Pergamon Press.
Ekman, Paul (2016): What Scientists Who Study Emotion Agree About. In: Psychological Science 11. S. 31–34.
Franck, Norbert (2017): So gelingt Kommunikation. Eine praktische Anleitung von A bis Z. Weinheim & Basel: Beltz.
Gahleitner, Silke Birgitta (2020): Soziale Arbeit als Bindungs- und Beziehungsprofession – Ein Überblick. In: Soziale Arbeit – Zeitschrift für soziale und sozialverwandte Gebiete 69, S. 326–333.
Galuske, Michael (2018): Methoden der Sozialen Arbeit. In: Hans-Uwe Otto, Hans Thiersch, Rainer Treptow & Holger Ziegler (Hrsg.): Handbuch Soziale Arbeit (S. 993–1007). München: Reinhardt.
Geißler, Karlheinz & Hege, Marianne (2001): Konzepte sozialpädagogischen Handelns. Ein Leitfaden für soziale Berufe (9. Aufl.). Weinheim & Basel: Beltz Juventa.
Gemende, Marion (2014): »Beziehungen sind (das halbe) Leben.« – Ein Plädoyer für ›Beziehung‹ im Kontext der Professionalisierung sozialer, pädagogischer und pflegender Berufe. In: Karin Bock, Annett Kupfer, Romy Simon, Kathy Weinhold

& Sandra Wesenberg (Hrsg.): Beratung und soziale Beziehungen (S. 127–136). Weinheim & Basel: Beltz Juventa.

Gigerenzer, Gerd (2019): Rationales Entscheiden unter Ungewissheit ≠ Rationales Entscheiden unter Risiko. In: Bernhard Fleischer, Reiner Lauterbach & Kurt Pawlik (Hrsg.): Rationale Entscheidungen unter Unsicherheit (S. 1–14). Berlin & Boston: De Gruyter.

Glasenapp, Jan (2021): Emotionen als Ressourcen. Manual für Psychotherapie, Coaching und Beratung (2. Aufl.). Weinheim: Beltz Juventa.

Gouldner, Alvin (1960): The Norm of Reciprocity. A Preliminary Statement. In: American Sociological Review 25 (2), S. 161–178.

Gräber, Doris (2015): Nähe und Distanz. Ihre Bedeutung für die berufliche Identität der Sozialarbeit. In: Soziale Arbeit 64 (9), S. 329–334.

Grammer, Karl (1990): Strangers Meet Laughter and Non-Verbal Signs of Interest in Opposite-Sex Encounters. In: Journal of Nonverbal Behavior 14, S. 209–236.

Gross, James (2014): Emotion Regulation: Conceptual and Empirical Foundations. In: James Gross (Hrsg.): Handbook of Emotion Regulation (2. Aufl.; S. 3–20). New York: Guilford Press.

Grossmann, Karin, Grossmann, Klaus E. (2021): Bindungen. Das Gefüge psychischer Sicherheit (8. Aufl.). Stuttgart: Klett Cotta.

Hartung, Johanna & Kosfelder, Joachim (2019): Sozialpsychologie (4., überarb. Aufl.). Stuttgart: Kohlhammer.

Hasebrook, Joachim, Hackl, Benedikt & Rodde, Sibyll (2020): Team-Mind und Teamleistung. Teamarbeit zwischen Mangementmärchen und Arbeitswirklichkeit. Berlin & Heidelberg: Springer.

Hancken, Sabrina (2020): Beziehungsgestaltung in der Sozialen Arbeit. Göttingen: Vandenhoeck & Ruprecht.

Hauke, Gernot (2013): Strategisch-Behaviorale Therapie (SBT). Berlin: Springer.

Heidbrink, Horst, Lück, Helmut & Schmidtmann, Heide (2009): Psychologie sozialer Beziehungen. Stuttgart: Kohlhammer.

Heiner, Maja (2004): Professionalität in der Sozialen Arbeit. Theoretische Konzepte, Modelle und empirische Perspektiven. Stuttgart: Kohlhammer.

Heiner, Maja (2018): Kompetent handeln in der Sozialen Arbeit (3. Aufl.). München: Reinhardt.

Herriger, Norbert (2020): Empowerment in der Sozialen Arbeit. Eine Einführung (6., erw. u. akt. Aufl.). Stuttgart: Kohlhammer.

Herrmann, Karsten & Sauerhering, Meike (2019): Fest auf eigenem (Werte-)Grund stehen und offen sein für Neues. Menschenrechtliche Grundlagen und Praxisimplikationen einer inklusiven Wert-Haltung. In: Nifbe (Hrsg.): Inklusive Haltung und Beziehungsgestaltung (S. 15–24). Freiburg im Breisgau: Herder.

Hess, Ursula (2018): Allgemeine Psychologie II. Motivation und Emotion. Grundriss der Psychologie. Band 4. Stuttgart: Kohlhammer.

In-Albon, Tina (Hrsg.) (2013): Emotionsregulation und psychische Störungen im Kindes- und Jugendalter. Grundlagen, Forschung und Behandlungsansätze. Stuttgart: Kohlhammer.

Jantscher, Anna & Lauchart-Schmidl, Nicole (2021): Being in Organizations. Die Beziehung zwischen Mensch und Organisation lebendig gestalten. Stuttgart: Schäffer-Poeschel.

Jensen, Sandra & Bek, Nicolina (2019): Die Bedeutung von Beziehung in der Schulsozialarbeit. In: Unsere Jugend 71, S. 305–312.

Julius, Henri (2009): Bindung und familiäre Gewalt-, Verlust- und Vernachlässigungserfahrungen. In: Henri Julius, Barbara Gasteiger-Klicpera & Rüdiger Kißgen (Hrsg.): Bindung im Kindesalter. Diagnostik und Interventionen (S. 13–26). Göttingen: Hogrefe.

Jungmann, Tanja & Reichenbach, Christina (2016): Bindungstheorie und pädagogisches Handeln – Ein Praxisleitfaden (4., verb. u. erw. Aufl.). Dortmund: Borgmann.

Khabyuk, Olexiy (2019): Kommunikationsmodelle. Grundlagen – Anwendungsfelder – Grenzen. Stuttgart: Kohlhammer.

Keil, Wolfgang & Stumm, Gerhard (Hrsg.) (2018): Praxis der Personenzentrierten Psychotherapie (2. Aufl.). Berlin: Springer.

Kessler, Thomas & Fritsche, Immo (2018): Sozialpsychologie. Wiesbaden: Springer.

Keuper, Ralf (2013): Soziale Austauschtheorien als Erklärung für menschliches Verhalten in der Gesellschaft. Unter: https://denkstil.bankstil.de/soziale-austausch-theorien-als-erklaerung-fuer-menschliches-verhalten-in-gesellschaften, Zugriff am 15.07.2022.

Klatetzki, Thomas (2012): Wie die Differenz von Nähe und Distanz Sinn in den Einrichtungen der Sozialen Arbeit stiftet. Eine organisationstheoretische Deutung. In: Margret Dörr & Burkhard Müller (Hrsg.): Nähe und Distanz – Ein Spannungsfeld pädagogischer Professionalität (3., akt. Aufl.; S. 76–87). Weinheim & Basel: Beltz Juventa.

Klug, Wolfgang (2014): Bewährungshilfe auf dem Weg zur Fachsozialarbeit? Programmatik einer zukunftsfähigen Profession. In: Bewährungshilfe 4, S. 396–409.

Klug, Wolfgang, Niebauer, Daniel, Mirus, Georg, Dittelbach, Beatrice & Huber, Franziska (2020): Beziehungsgestaltung aus Sicht sozialarbeiterischer Fachkräfte. Eine empirische Annäherung. In: Soziale Arbeit 69 (9–19), S. 378–385.

Koch, Theresa & Liedl, Alexandra (2019): STARK. Skills-Training zur Affektregulation – ein kultursensibler Ansatz. Therapiemanual für Menschen mit Flucht- und Migrationshintergrund. Stuttgart: Schattauer.

Kopp, Johannes (2018): Beziehung, soziale. In: Johannes Kopp & Anja Steinbach (Hrsg.): Grundbegriffe der Soziologie (12. Aufl.; S. 51–52). Wiesbaden: Springer.

Krappmann, Paul (2014): Emotionsregulation, Empathiefähigkeit und bindungsrelevante Einstellungen bei Studierenden der Sozialen Arbeit und der Frühpädagogik. In: Alexander Trost (Hrsg.): Bindungsorientierung in der Sozialen Arbeit.

Grundlagen – Forschungsergebnisse – Anwendungsbereiche (S. 211–224). Dortmund: Borgmann.

Kraus, Björn (2021): Macht – Hilfe – Kontrolle. Relationale Grundlegungen und Erweiterungen eines systemisch-konstruktivistischen Machtmodells. In: Björn Kraus & Wolfgang Krieger (Hrsg.): Macht in der Sozialen Arbeit. Interaktionsverhältnisse zwischen Kontrolle, Partizipation und Freisetzung (5., überarb. Aufl.; S. 91–116). Detmold: Lippe.

Kurz-Adam, Maria (2019): Nächstenliebe. Anmerkungen zu Professionalität und Beziehung in der Kinder- und Jugendhilfe. In: Unsere Jugend 71, S. 327–332.

Lammers, Claas-Hinrich (2021): Beziehungsgestaltung mit narzisstischen Menschen. Köln: Psychiatrie Verlag.

Lazarus, Richard (1966): Psychological Stress and the Coping Process. New York: McGraw Hill.

Lenz, Albert (2002): Empowerment und Ressourcenaktivierung – Perspektiven für die psychosoziale Praxis. In: Albert Lenz & Wolfgang Stark (Hrsg.): Empowerment. Neue Perspektiven für die psychosoziale Praxis und Organisation (S. 13–53). Tübingen: dgvt.

Lenz, Karl & Nestmann, Frank (Hrsg.) (2009): Handbuch persönliche Beziehungen. Weinheim: Juventa.

Maslow, Abraham H. (1978): Motivation und Persönlichkeit (2., erw. Aufl.). New York: Harper & Row.

Matschnig, Monika (2012): Körpersprache verstehen (5., überarb. Aufl.). Offenbach: Gabal.

Mennemann, Hugo & Dummann, Jörn (2018): Einführung in die Soziale Arbeit (2. Aufl.). Baden-Baden: Nomos.

Methfessel, Barbara & Schöler, Herrmann (2020): »Bedürfnisse« – Vorbemerkungen zu einem häufig genutzten Begriff. In: Haushalt in Bildung & Forschung 9(1), S. 3–10.

Möller, Kurt (2021): Beziehungsgestaltung im professionellen Kontakt mit rechtsextrem Orientierten. In: Sozialmagazin 6, S. 83–89.

Mörgen, Rebecca (2020): In Beziehung treten. Etablierungsprozesse von Beratungs- und Arbeitsbeziehungen im Feld der aufsuchenden Sozialen Arbeit. Eine Ethnographie im Kontext der Prostitution. Weinheim & Basel: Beltz Juventa.

Mohl, Alexa (2010): Der kleine Zauberlehrling. Das NLP-Lern- und Übungsbuch (9. Aufl.). Paderborn: Junfermann.

Müller, Burkhard (2018): Eingriff. In: Hans-Uwe Otto, Hans Thiersch, Rainer Treptow, Holger Ziegler (Hrsg): Handbuch soziale Arbeit (6., überarb. Aufl.; S. 293–299). München & Basel: Reinhardt.

Nicolaisen, Torsten (2019): Emotionen in Coaching und Organisationsberatung. Heidelberg: Carl Auer.

Patrzek, Andreas (2021): Systemisches Fragen. Professionelle Fragekompetenz für Führungskräfte, Berater und Coaches (3. Aufl.). Wiesbaden: Springer.

Patrzek, Andreas & Scholer, Stefan (2022): Die Kraft des Fragens. Schlüsselkompetenz für Teams, Coaching und Führung. Weinheim: Beltz.

Plössl, Irmgard (2019): Beziehungsgestaltung in der Alltagsbegleitung. Die Bedeutung der Beziehung in der Arbeit mit Menschen mit schweren psychischen Erkrankungen. In: Verhaltenstherapie und Verhaltensmedizin 40(4), S. 402–408.

Prinz, Jessica, Boyle, Kaitlyn, Ramseyer, Fabian, Kabus Wolf, Bar-Kalifa, Eran & Lutz, Wolfgang (2021): Within and Between Associations of Nonverbal Synchrony in relation to Grawe's General Mechanisms of Change. In: Clinical Psychology and Psychotherapy 28(1), S. 158–168.

Rappaport, Julian (1987): Terms of Empowerment/Exemplars of Prevention. Toward a Theory for Community Psychology. In: American Journal of Community Psychology 15, S. 121–148.

Rätz, Regina (2017): Beziehung ist alles – aber nicht nur! In: Forum Erziehungshilfen 3, S. 137–141.

Rauchfleisch, Udo (2004): Menschen in psychosozialer Not. Beratung, Betreuung, Psychotherapie. Göttingen: Vandenhoeck & Ruprecht.

Riegler, Anna (2016): Anerkennende Beziehung in der Sozialen Arbeit. Ein Beitrag zu sozialer Gerechtigkeit zwischen Anspruch und Wirklichkeit. Wiesbaden: Springer.

Ritz-Schulte, Gudula (2004): Problembearbeitung und Beziehungsgestaltung bei Persönlichkeitsstörungen. Göttingen: Hogrefe.

Röhner, Jessica & Schütz, Astrid (2020): Psychologie der Kommunikation (3., akt. u. überarb. Aufl.). Wiesbaden: Springer.

Rogers, Carl Ransom (1959): A Theory of Therapy, Personality, and Interpersonal Relationships, As Developed in the Client-Centered Framework. In: Sigmund Koch (Hrsg.): Psychology. A Study of a Science. Formulations of the Person and the Social Context (3. Aufl.; S. 184–256). New York: McGraw Hill.

Rogers, Carl Ransom (1987): Eine Theorie der Psychotherapie, der Persönlichkeit und der zwischenmenschlichen Beziehungen. Köln: GwG.

Rogers, Carl Ransom (2019): Der neue Mensch. Stuttgart: Klett Cotta.

Saarni, Carolyn (2002): Die Entwicklung von emotionaler Kompetenz in Beziehungen. In: Maria von Salisch (Hrsg.): Emotionale Kompetenz entwickeln. Grundlagen in Kindheit und Jugend (S. 3–30). Stuttgart: Kohlhammer.

Sachse, Rainer (2016): Therapeutische Beziehungsgestaltung (2., akt. u. erg. Aufl.). Göttingen: Hogrefe.

Sawizki, Egon (2011): 30 Minuten NLP im Alltag (5., überarb. Aufl.). Offenbach: Gabal.

Schmidt-Denter, Ulrich (2005): Soziale Beziehungen im Lebenslauf. Lehrbuch der sozialen Entwicklung (4., überarb. Aufl.). Weinheim u. Basel: Beltz Juventa.

Schreyögg, Bettina (2014): Emotionen im Coaching. Kommunikative Muster der Beratungsinteraktion. Wiesbaden: Springer.

Schulz von Thun, Friedemann (2022): Miteinander reden: 1. Störungen und Klärungen. Allgemeine Psychologie der Kommunikation (59. Aufl.). Hamburg: Rowohlt.

Seckinger, Mike (2018): Empowerment. In: Hans-Uwe Otto, Hans Thiersch, Rainer Treptow, Holger Ziegler (Hrsg.): Handbuch soziale Arbeit (6., überarb. Aufl.; S. 307–314). München & Basel: Reinhardt.

Seidl, Barbara (2019): NLP im Berufsalltag. Die besten Tools (2. Aufl.). Freiburg im Breisgau: Haufe.

Selye, Hans (1956/1976): The Stress of Life. New York: McGraw Hill.

Sickendiek, Ursel, Engel, Frank & Nestmann, Frank (2008): Beratung. Eine Einführung in sozialpädagogische und psychosoziale Beratungsansätze (3. Aufl.), Weinheim & München: Juventa.

Sigrist, Christine, Resch, Franz, Kaess, Michael & Koenig, Julian (2021): Eine mehrdimensionale Untersuchung der Emotionsregulation im Kontext Nicht-Suizidaler Selbstverletzung im Jugendalter. In: Praxis der Kinderpsychologie und Kinderpsychiatrie, S. 699–727.

Sprecher, Susan & Regan, Pamela C. (2002): Liking some Things (in some People) more than Others. Partner Preferences in Romantic Relationships and Friendships. In: Journal of Social and Personal Relationships 19(4), S. 463–481.

Staub-Bernasconi, Silvia (2019): Menschenwürde – Menschenrechte – Soziale Arbeit. Die Menschenrechte vom Kopf auf die Füße stellen. Berlin: Budrich.

Stemmer-Lück, Magdalena (2012): Beziehungsräume in der Sozialen Arbeit. Psychoanalytische Theorien und ihre Anwendung in der Praxis (2., akt. Aufl.). Stuttgart: Kohlhammer.

Strauß, Bernhard (2014): Bindung. In: Wolfgang Mertens (Hrsg.): Handbuch psychoanalytischer Grundbegriffe (4., überarb. u. erw. Aufl.; S. 129–133). Stuttgart: Kohlhammer.

Sundermann, Imke (2020): Alles eine Frage der Haltung?! Professionelles Handeln zwischen Beziehungsgestaltung und Verstärkersystemen. In: Sozialmagazin 12, S. 59–64.

Thibaut, John & Kelley, Harold (1959): The Social Psychology of Groups. Hoboken (New Jersey): John Wiley.

Thiersch, Hans (2012): Nähe und Distanz in der Sozialen Arbeit. In: Margret Dörr & Burkhard Müller (Hrsg.): Nähe und Distanz – Ein Spannungsfeld pädagogischer Professionalität (3., akt. Aufl.; S. 32–49). Weinheim & Basel: Beltz Juventa.

Tschacher, Wolfgang, Ress, Goerg M. & Ramseyer, Fabian (2014): Nonverbal Synchrony and Affect in Dyadic Interactions. In: Frontiers in Psychology 5, S. 1323. Unter: https://www.frontiersin.org/articles/10.3389/fpsyg.2014.01323/full, Zugriff am 08.09.2022.

Vettin, Julia & Todt, Diemar (2004): Laughter in Conversation. Features of Occurrence and Acoustic Structure. In: Journal of Nonverbal Behavior 28, S. 93–115.

Watzlawick, Paul, Beavin, Janet. H. & Jackson, Don D. (2017): Menschliche Kommunikation. Formen, Störungen, Paradoxien (13. Aufl.). Bern: Huber.

Weber, Max (1984): Soziologische Grundbegriffe. Tübingen: Mohr.
Weber, Max (2020): Soziale Beziehung – aufeinander eingestelltes Verhalten. In: Abels, Heinz (Hrsg.): Soziale Interaktion (S. 55–68). Wiesbaden: Springer.
Widulle, Wolfgang (2020): Gesprächsführung in der Sozialen Arbeit. Grundlagen und Gestaltungshilfen (3. Aufl.). Wiesbaden: Springer.
Willemse, Joop & Ameln, Falko von (2018): Theorie und Praxis des Systemischen Ansatzes. Die Systemtheorie Watzlawicks und Luhmanns verständlich erklärt. Wiesbaden: Springer.
Wolters, Ursula (2015): Lösungsorientierte Kurzberatung. Was auf schnellem Wege Nutzen bringt (4., erg. Aufl.). Wiesbaden: Springer.

Stichwortverzeichnis

A

Abhängigkeit 47, 63, 86
aktives Zuhören 33
Ambiguität 77
Appraisal-Theorien 67
Arbeitsbeziehung 13–15, 65, 72, 78, 80, 81, 87, 90
Asymmetrie 80, 81
Austauschtheorie 15, 16
Autonomie 47, 62–64, 78, 83, 84

B

Bedürfnis 47, 48
Bedürfnistheorien 47
Beziehungserfahrungen 13, 17, 24, 86–88, 90, 100
Bindung 12, 13, 47
Bindungstheorie 12
Blickkontakt 33, 41–43, 58

D

Direktivität 85
Doppelmandat 78

E

Emotionsregulation 66–70
Emotionstheorien 67
Empowerment 83, 84, 86
Entmachtung 83, 85

F

Fragetechniken 34–36, 38
Freiwilligkeit 15, 24, 80

H

Haltung 19–23, 27, 33, 55, 73, 82
Hilfe zur Selbsthilfe 64, 85

I

Inkongruenz 44, 45
Interaktion 17, 23, 28, 29, 42, 50–55, 57, 59–61, 79, 83
Interaktionsdynamik 52, 61
Interaktionsmuster 52
Interdependenztheorie 16

K

Kommunikationsmodell 30, 31
Kommunikationsquadrat 31

komplementäre Interaktion 53, 54, 56
Konflikthaftigkeit 81
Kontrolle 25, 48, 63, 69, 77, 79–83, 85, 89
Körpersprache 32, 42–45, 60

L

Leading 40, 41, 61

M

Macht 43, 48, 82–85
Metakommunikation 31, 32, 45, 46, 48, 50, 63, 74, 100
Modell der Fünf Axiome 30, 31

N

Nähe und Distanz 53, 61–66
Nondirektivität 20, 84
nonverbale Kommunikation 41–45

P

Pacing 40, 41, 60, 61
paraverbale Kommunikation 38–41, 44
personenzentrierter Ansatz 20
Professionalität 23, 52, 62, 101

R

Rapport 57, 59–61
Ressourcen 33, 47, 64, 84, 89, 90
Reziprozitätsnorm 16

S

Schismogenese 53
Selbstwirksamkeit 63, 64, 86
Setting 36, 56, 57, 69, 71–74
soziale Interaktion 42, 50
symmetrische Interaktion 53, 54, 56
Synchronisation 57, 58, 60

T

Theorie der rationalen Entscheidung 15
Theorie der Sozialen Beziehung 51
Tripelmandat 78

U

Unfreiwilligkeit 14, 15, 80, 81

V

verbale Kommunikation 32, 33, 37, 38, 44
Vier-Ohren-Modell 31

Z

Zwangskontext 14, 80, 81